TOD IM FELSENMEER

Ein Odenwald-Krimi

von

Libor Schaffer

SOCIETÄTS**VERLAG**

Alle Rechte vorbehalten • Societäts-Verlag
© 2005 Frankfurter Societäts-Druckerei GmbH
Umschlaggestaltung: Katja Holst, Frankfurt
Satz: Societäts-Verlag, Nicole Proba
Druck und Verarbeitung: Bercker Graphischer Betrieb, Kevelaer
Printed in Germany 2006

ISBN: 3-7973-1007-2

Für Sabine, Muzel und Lisa

Inhalt

Schöne Gegend
S. 11

Sie stehen auf der Liste
S. 14

Spielzeug
S. 24

Bauernregel
S. 36

Lokaltermin
S. 43

Heimatforschung
S. 63

Rumpsteak
S. 81

Polizeidirektion
S. 91

Urheberrecht
S. 106

Kündigung
S. 117

Weiße Rübe
S. 129

Hoher Besuch
S. 134

Alleingang
S. 147

Tanja
S. 158

Nierenspieß
S. 167

Abstiegskampf
S. 177

Die Waffen einer Frau
S. 189

Beamtendeutsch
S. 199

Vorbemerkung des Autors

Um möglichen Missverständnissen vorzubeugen: Ich habe überhaupt keine Vorbehalte (und hoffentlich auch keine Vorurteile) gegen Heimatforscher, sondern bringe ihrer – wie ich vermute – oft mühseligen Arbeit hohen Respekt entgegen. Sollten ihnen wie anderen Bewohnern des Odenwaldes bei meinen geographischen, topographischen oder heimatkundlichen Beschreibungen Abweichungen von der Realität beziehungsweise der Geschichte auffallen, so entschuldige ich diese mit der erzählerischen Freiheit und den dramaturgischen Notwendigkeiten.

Kapitel 1

Schöne Gegend

„Hans-Hermann, nun komm doch endlich!", rief sie mit energischer Stimme. „Gleich haben wir es schafft!"
Nach der Besichtigung des Ohlyturmes, des Altarsteines, der Gralsburg und der Teufelskanzel hatte Hans-Hermann längst jedes Interesse an weiteren, merkwürdig geformten Felsbrocken verloren, mochten die Römer vor langer Zeit auch noch so interessante Zeichen und Ziffern in die überdimensionalen Steine geritzt haben. Der alte Mann mit dem schütteren hellgrauen Haar lehnte keuchend an einer Buche. Er verfluchte den Tag, an dem er sich zu dieser Wanderung durch das Große Felsenmeer hatte überreden lassen.

„Hans-Hermann, wo bleibst du denn?" Die Stimme seiner Frau hallte durch den Wald. Glücklicherweise waren an diesem trüben Montagvormittag keine anderen Spaziergänger in der Nähe von Reichenbach unterwegs, die Augen- oder Ohrenzeugen seiner Schmach werden konnten. Er zog ein großes kariertes Stofftaschentuch aus seiner Jackentasche heraus und wischte sich damit übers Gesicht.

„Ich komme!", sagte er mit schwacher Stimme und kletterte den ausgetretenen Pfad hinunter, der direkt am oberen Teil des Felsenmeeres entlangführte. Links von ihm ergoss sich der so genannte Blockstrom nach unten: ineinander verkeilte, von jahrhundertelanger Verwitterung abgerundete Felsen. Für diese faszinierende Naturschönheit hatte Hans-

Hermann keinen Blick übrig, seine ganze Aufmerksamkeit konzentrierte sich auf den mühseligen Abstieg.

Zwischen dem oberen und dem lang gezogenen unteren Teil des Felsenmeeres wartete seine Frau bereits ungeduldig. In ihrem eleganten dunkelgrünen Trachtenkostüm sah sie wesentlich jünger aus als dreiundsechzig. „Was war denn?", fragte sie neugierig. „Hattest du wieder einen deiner Schwindelanfälle?"

Der Alte schüttelte seinen hochroten Kopf. „Unsinn!", knurrte er. „Ich musste mal."

„Aber du warst doch erst im Gasthaus auf der Toilette!", wunderte sie sich.

Er verzichtete auf eine Antwort, die ohnehin nur weitere inquisitorische Fragen nach sich gezogen hätte. Stattdessen übernahm er jetzt das Kommando. „Ich gehe voran", sagte er. „Der Weg sieht ziemlich steil aus."

Ohne sich seine Schwäche anmerken zu lassen, nahm er den holprigen Abstieg in Angriff. Der Pfad im unteren Teil des Felsenmeeres war wesentlich unbequemer und weniger ausgetreten. Viele der Besucher scheuten wohl diese Mühe und begnügten sich lieber mit einem Blick auf den bizarren Felsenstrom, der sich nach unten zu wälzen schien, obwohl sich keiner dieser massiven Steine auch nur einen Zentimeter von der Stelle bewegte.

„Unglaublich!", sagte seine Frau und hielt einen Augenblick inne, um den imposanten Anblick zu genießen. „Ein wahres Naturwunder!"

Deshalb sah sie auch nicht, wie ihr Mann einige Meter vor ihr auf einem mit Moos bewachsenen Stein ausrutschte, das Gleichgewicht verlor und zu Boden fiel. „Verfluchter Mist!", stöhnte er. Mit dem rechten Fuß tastete er auf dem abschüssigen Weg nach festem Untergrund, der ihm ein halbwegs gefahrloses Aufstehen ermöglichen konnte.

„Um Himmels willen!" Seine Frau kletterte zu ihm herunter, um ihm aufzuhelfen. „Hast du dich verletzt? Ist etwas gebrochen?"

Er schob ihren Arm zur Seite und stützte sich mit der Hand vorsichtig ab. Sein Steißbein tat höllisch weh, aber er versuchte, die Schmerzen zu ignorieren so gut es eben ging. Mühsam rappelte er sich wieder auf.

„Mein Gott, wie du aussiehst!", sagte sie tadelnd. „Du solltest deine Jacke sehen, sie ist hinten total verdreckt. Die muss unbedingt in die Reinigung ..."

„Was ist denn das?" Er zeigte auf eine Stelle inmitten des gigantischen Felsenstroms. „Ist das eine Decke oder ein Tuch?", fragte er unsicher.

Seine Frau kletterte an ihm vorbei und beugte sich gefährlich weit nach vorn. „Da liegt jemand", murmelte sie fassungslos. Dann begriff sie langsam. „Hans-Hermann, dort unten liegt ein Mann!", schrie sie. Vorsichtig bestieg sie einen der flachen Felsen am Rande des Pfades, um sich ein genaueres Bild machen zu können.

„Der Mann muss tot sein!", stöhnte sie.

„Langsam, langsam", versuchte er sie zu beruhigen. „Vielleicht ist er nur ohnmächtig geworden, vielleicht hat er beim Herunterklettern ..."

„In seinem Rücken steckt ein Messer!", schrie sie. „Ich kann es genau sehen!"

Kapitel 2

Sie stehen auf der Liste

Nachdem es zum dritten Mal an der Haustür geklingelt hatte, faltete Tobias Bloch den Sportteil der Zeitung sorgfältig zusammen und erhob sich langsam. Beim Verlassen der Küche warf er seiner dreifarbigen Katze, die aufmerksam aus einem Spalt ihrer großen braunen Papiertüte lugte, einen kurzen warnenden Blick zu.

„Tabu, absolut tabu", sagte er zu ihr. „Ich habe den Artikel über das Offenbach-Spiel nämlich noch nicht gelesen, verstanden?" Muzel, die weiße Katze mit den mittelbraunen und schwarzen Flecken, zuckte nicht einmal mit der Wimper.

Als es zum vierten Mal klingelte, hatte er die Haustür endlich erreicht. Eine mittelgroße Frau mit pechschwarzem Haar streckte ihm ihren Ausweis entgegen. Neben ihr stand ein jüngerer, nur unwesentlich größerer Mann, Modell vollschlank.

„Herr Tobias Bloch?", fragte die Kommissarin.

Er nickte.

„Meine Name ist Sara Hagedorn", sagte sie. „Und dies ist mein Assistent, Herr Melzig. Wir möchten Ihnen gern ein paar Fragen stellen. Es wird bestimmt …"

„… ziemlich lange dauern", ergänzte Bloch die Polizeiphrase.

Im Wohnzimmer, von dessen südlichem Fenster aus man über die im Tal liegenden Wiesen bis zum dahinter aufsteigenden Wald blicken konnte, roch es nach kaltem Rauch.

Bloch deutete auf das dunkelbraune Ledersofa, das an einigen Stellen deutlich sichtbare Krallenspuren aufwies.

„Fühlen Sie sich wie zu Hause", sagte er zu den beiden Kriminalbeamten. „Ich muss nur rasch den Sportteil in Sicherheit bringen."

Nach kurzer Zeit kehrte er mit Zigaretten, Aschenbecher, Zeitung und Katze aus der Küche zurück. Noch ehe er in dem Ledersessel Platz genommen hatte, war Muzel auf dessen linke Armlehne gesprungen. Sie musterte die beiden fremden Personen aufmerksam.

„Sitz und Platz, Muzel!", sagte Bloch und klopfte auf die breite Lehne. Die Katze streckte sich in voller Länge aus. „Braves Mädchen." Er kraulte sie zärtlich im Nacken. „Braves Mädchen."

Die Kommissarin, die ihm direkt gegenübersaß, lehnte sich zurück. „Kennen Sie zufällig einen Holger Fritjof aus Erbach? Sechsundvierzig Jahre alt, von Beruf Rechtsanwalt."

„Weder zufällig noch sonst wie." Bloch zündete sich eine Zigarette an. „Ich darf doch, oder?", fragte er lächelnd.

„Herr Fritjof wurde ermordet. Ein älteres Ehepaar hat ihn gestern im Felsenmeer gefunden. Mit einem Messer im Rücken."

„Schöne Gegend. Und an dem Kiosk gibt es eine köstliche Rindswurst. Mögen Sie Rindswurst?"

Sara Hagedorn lächelte matt. „Kann mich gerade noch beherrschen." Sie deutete auf das Zigarettenpäckchen. „Darf ich mir eine nehmen? Der Automat unten im Ort war ziemlich geizig, er hat das Geld behalten, aber leider nichts dafür herausgerückt."

„Bedienen Sie sich." Er schob ihr die Zigaretten und sein Feuerzeug zu. „Ich bin zwar grundsätzlich, wie Sie vielleicht wissen, an Kriminalfällen fast aller Art interessiert, aber was verschafft mir in diesem Fall die Ehre?"

„Sie stehen auf der Liste", sagte Melzig.

„Aha. Das erklärt natürlich einiges. Um nicht zu sagen praktisch alles."

Die Kommissarin blies den Rauch dezent in Richtung Holzdecke. „Wir haben in den Kleidern des Ermordeten einen Zettel gefunden, auf dem verschiedene Namen und in fast allen Fällen auch die dazugehörigen Adressen notiert sind. Unter anderem auch Ihrer."

„Darf ich noch schnell einen Koffer mit dem Nötigsten packen? Sie können mich gern begleiten, Herr Melzig. Pardon, Sie müssen sogar. Damit ich erst gar nicht auf dumme Gedanken komme."

„Sind Sie immer so witzig?", fragte Sara Hagedorn.

„Das hängt ganz von meinen Gesprächspartnern ab. In Ihrem Fall habe ich jedenfalls keine Schwierigkeiten." Er zog an seiner Zigarette. „Wie viele Personen stehen denn insgesamt auf der Liste? Ich frage nur, um meine Chancen besser beurteilen zu können ..."

„Mit Ihnen zusammen sieben", sagte Melzig.

„Darf man den Zettel vielleicht einmal sehen?", fragte Bloch. „Vielleicht kann ich Ihnen dann weiterhelfen. Vielleicht kenne ich ja den einen oder anderen ..."

Die Kommissarin zog aus ihrer ledernen Aktenmappe ein Blatt Papier heraus. „Ich habe eine Kopie für Sie gemacht."

„Sehr aufmerksam." Bloch nahm das Blatt entgegen und überflog die Namen. „Nur auf Platz vier", murmelte er. „Ich hätte eigentlich etwas Besseres verdient."

„Kennen Sie eine der Personen?", fragte Sara Hagedorn.

„Möglicherweise. Der Silbermedaillengewinner kommt mir bekannt vor."

„Sie meinen die Nummer zwei, Walter Hansen?", fragte der Assistent.

„Jawohl. Wenn es sich bei besagtem Herrn um den berühmten Möbelfabrikanten aus Höchst handelt, dann muss ich ein Geständnis ablegen."

Die Kommissarin nickte erwartungsvoll. „Ja, es ist dieser Hansen."

„Ich habe vor nicht allzu langer Zeit für seine Gattin gearbeitet", erklärte Bloch.

„Worum ging es denn?", fragte Sara Hagedorn.

„Normalerweise gebe ich mich ja nicht mit solchen Ehegeschichten ab. Aber von Zeit zu Zeit kann ich einfach nicht widerstehen. Also war ich der eifersüchtigen Gattin behilflich. Wie hieß sie noch gleich? Marta, Margarethe ..."

„Marianne", unterbrach ihn Melzig.

Der Privatdetektiv strahlte. „Ganz recht. Die schöne Marianne. Ich habe ihren Gatten also ein paar Tage lang observiert, weil Madame den Verdacht hegte, dass ihr Walter ein außereheliches Verhältnis habe. Was ich übrigens nicht ganz verstehen kann. Denn ich habe diese Marianne – ist natürlich eine Geschmacks- und Altersfrage – als ziemlich gut aussehend in Erinnerung."

„Sie schweifen ab", sagte Melzig.

„Nein. Ich erläutere die Zusammenhänge. Wie heißt es doch immer so schön? Denken Sie genau nach. Versuchen Sie sich an alles zu erinnern. Auch wenn es sich nur um eine unbedeutende Kleinigkeit handelt, sie könnte für uns von großer Bedeutung sein ..."

„Jetzt ist er in Fahrt gekommen", sagte Sara Hagedorn zu ihrem Assistenten.

„Langer Rede kurzer Sinn: An Mariannes Verdacht war nichts dran. Ich habe jedenfalls nichts bemerken können. Und ich bin ein Profi, mir macht man so schnell nichts vor ..."

„Sonst noch jemand?", fragte Melzig. „Kennen Sie sonst noch jemanden auf der Liste?"

Bloch schüttelte den Kopf.

„Sind Sie sicher? Wie ist es denn mit der Nummer drei? Der Person ohne Nachnamen. Kennen Sie tatsächlich keine einzige Frau namens Tanja?"

„Nein. Im gesamten Odenwald nicht. Und viel weiter reicht mein Horizont – was Frauen angeht – nicht. Ich bin in dieser Hinsicht nämlich ausgesprochen heimatverbunden." Bloch erhob sich. „Von diesen hartnäckigen Verhören bekomme ich immer einen furchtbar trockenen Hals. Darf ich die Herrschaften zu einem Bier einladen?"

„Nein danke." Sara Hagedorn schüttelte den Kopf. „Aber ein Mineralwasser wäre nicht schlecht."

Bloch blickte ihren Assistenten fragend an. Melzig nickte. „Für mich bitte auch."

Als der Privatdetektiv das Zimmer verließ, sprang Muzel von der Lehne des Sessels und folgte ihm mit kleinen, tänzelnden Schritten. In der Küche blieb sie vor ihrem leeren Napf stehen und miaute kläglich.

„Thunfisch, Kaninchen oder Haihappen?", fragte Bloch. Die Katze schlich aufgeregt um den Napf und miaute erneut. „Also gut, Haihappen. Hab schon verstanden." Mit einer Bier- und einer Wasserflasche in den Händen kehrte er ins Wohnzimmer zurück.

„Können Sie sich erklären, wie Sie auf Fritjofs Liste gekommen sind?", fragte ihn die Kommissarin, während er ihre Gläser füllte.

Bloch lächelte. „Wahrscheinlich handelt es sich um ein hinterhältiges Ablenkungsmanöver. Bei Rechtsanwälten muss man auf allerhand gefasst sein."

Melzig trank einen Schluck Mineralwasser. „Ist aber doch merkwürdig, dass auch Ihr alter Bekannter Walter Hansen auf der Liste auftaucht. Sehen Sie da keine Zusammenhänge?"

„Nein."

„Und mit den anderen fünf Namen können Sie wirklich nichts anfangen?", fragte Sara Hagedorn.

Der Privatdetektiv überflog noch einmal die Liste. „Tut mir Leid. Ich wäre ja selbst froh, wenn ich aus diesem Durcheinander schlau werden würde." Er nahm einen kräftigen Schluck. „Köstlich!", sagte er seufzend. „Andererseits wird es mal wieder höchste Zeit, dass ich mein bequemes Dasein aufgebe und mich mit einem interessanten Mordfall befasse. Ein solches Glück hat man schließlich nicht alle Tage."

„Sie wollen doch nicht etwa ...?", sagte die Kommissarin.

Bloch winkte ab. „Keine Angst. Ich werde Ihnen nicht ins Handwerk pfuschen. Ehrenwort."

Sie warf ihm einen skeptischen Blick zu. „Eine Frage hätte ich dann noch zum Schluss."

„Brauche ich ein Alibi?"

„Schaden könnte es jedenfalls nicht. Wo waren Sie am letzten Sonntag? Sagen wir von achtzehn bis einundzwanzig Uhr."

„Zu Hause. Ich kann Ihnen sogar sagen, was ich gemacht habe. In verschiedenen Büchern gelesen."

„Zeugen?"

„Selbstverständlich. Muzel kann alles bestätigen. Wir waren die ganze Zeit über zusammen."

Nachdem die beiden Kriminalbeamten gegangen waren, nahm Tobias Bloch ein Bad. Während das Wasser einlief, hockte die dreifarbige Katze auf dem Rand der Wanne und beobachtete höchst interessiert, wie sich der weiße Schaum auf der Wasseroberfläche ausbreitete. Dann schnupperte Muzel intensiv. „Rosmarin", erklärte Bloch ihr beim Ausziehen. „Herrchen muss heute nämlich fit sein. Es gibt einiges zu tun."

Gegen Mittag rief er Susanne Kramer im benachbarten Wiebelsbach an. „Ich hoffe, ich habe dich nicht aus süßen Träumen gerissen."

„Von wegen!" Sie schnaufte. „Bin schon seit neun Uhr auf den Beinen."

„Bist du krank?"

„Witzbold! Im Gegensatz zu dir habe ich ab und zu auch etwas zu tun."

„Kopierst du schon wieder einen Picasso? Für diese Pizzeria in Dieburg?"

„Hahaha!"

„Aber das hast du doch mal gemacht. Ich kann mich genau daran erinnern. Dein Werk hängt rechts vom Tresen. Gleich neben den Schnapsflaschen."

„Dieses Mal ist es wieder ein Kinderbuch. Es geht um einen Elch, Knut heißt er übrigens sinnigerweise. Und dieser Knut hat leider einen Sprachfehler."

„Soll bei Ölchen öfter vorkommen."

Er hörte, wie sie sich eine Zigarette ansteckte. „Ist dir langweilig, wolltest du mich vom Arbeiten abhalten – oder hat dein Anruf tatsächlich einen Sinn?"

„Ach, es ist eigentlich nur eine Kleinigkeit", sagte der Privatdetektiv. „Aber vielleicht interessiert es dich ja. Ich bin nämlich in einen Mordfall verwickelt. Für die Kriminalpolizei gehöre ich sogar zum erweiterten Täterkreis – oder wie man das unter Fachleuten nennt."

Ihr schien die Spucke weggeblieben zu sein. Nach einer Pause sagte sie verdrossen: „Verarschen kann ich mich selbst."

„Daran habe ich nie gezweifelt. Aber die Geschichte stimmt ausnahmsweise wirklich. Und deshalb wollte ich dich fragen ..."

Susanne jauchzte. „Du brauchst wieder eine Assistentin? Eine erfahrene, diskrete und effektiv arbeitende Kriminalistin?"

„Richtig. Eine Agatha Christie für Arme. Bist du bereit?"

„Logisch. Das Kinderbuch kann warten. Außerdem bezahlt der Verlag sowieso nicht so gut wie du. Der übliche Tagessatz, plus Spesen?"

„Ja. In einer halben Stunde bei mir? Und bring ein paar Klamotten mit. Das Hauptquartier wird nämlich hier in Heubach eingerichtet."

Etwa eine Dreiviertelstunde später fuhr ein grüner Fiat älteren Baujahrs den steil ansteigenden Weg am Ortsrand von Heubach hinauf. Vor Blochs idyllisch gelegenem Haus stellte Susanne den Wagen ab. Sie öffnete die Heckklappe und hob zwei große, prall gefüllte Leinenkoffer heraus. Ausreichend Gepäck für eine dreiwöchige Kreuzfahrt. Sie ging an der Vorderseite des Hauses vorbei zur Terrasse.

„Komm nur rein. Es ist offen", sagte der Privatdetektiv, der im Wohnzimmer saß. Er legte das Telefonbuch beiseite. „Ich dachte schon, du hättest dich verfahren", scherzte er. Er warf einen Blick auf die beiden Koffer, die Susanne schnaufend abstellte. „Ich hoffe, wir finden den Mörder schneller." Muzel war inzwischen von der Sessellehne gesprungen und schnupperte intensiv an den beiden Gepäckstücken.

„Auspacken kannst du später. Wir haben heute noch einiges zu erledigen."

„Stets zu Diensten", sagte Susanne erwartungsfroh.

In groben Zügen klärte Bloch sie über den Besuch der beiden Kriminalbeamten auf. „Der einzige Anhaltspunkt, den wir haben, ist diese Liste. Man hat sie bei dem ermordeten Fritjof gefunden." Er reichte ihr die Fotokopie, auf der er inzwischen einige Notizen gemacht hatte. „Ich würde sagen, wir gehen wie immer systematisch vor und knöpfen uns diese Personen einmal vor. Von Platz eins bis Platz sieben. Meine Wenigkeit natürlich ausgenommen."

Susanne legte das Blatt zur Seite. „Und was ist mit dem Tatort? Und was mit Holger Fritjof? Sollten wir nicht besser ...?"

Der Privatdetektiv schüttelte den Kopf. „Das kann warten. Im Felsenmeer finden wir sowieso nichts Interessantes – außer ein paar eingetrockneten Blutflecken. Oder glaubst du, die Polizei hätte eine wichtige Spur übersehen? Ein Streichholzbriefchen vielleicht, in dem eine Telefonnummer steht?"

Sie verzog das Gesicht.

„Und um Fritjof, ich meine um sein Umfeld, können wir uns auch später noch kümmern. Nein, ich will wissen, wieso diese Leute auf seine Liste gekommen sind."

„Du bist der Boss."

„Erraten. Die Nummer zwei, diesen Walter Hansen in Höchst, übernimmst du. Ich habe vor nicht allzu langer Zeit für seine reizende Gattin eine kleine Observierung gemacht, deshalb lasse ich mich da zunächst lieber nicht blicken."

Bloch erhob sich. „Ich kümmere mich um die Nummer eins auf der Liste. Laut Telefonbuch hat Angelika Küster einen Spielzugladen in Michelstadt. Wenn ich etwas Schönes sehe, bringe ich dir ein Geschenk mit. Hast du einen bestimmten Wunsch?"

„Ein Ölch wäre nicht schlecht."

Kapitel 3

Spielzeug

Die Möbelfabrik mit dem anspruchsvollen Namen Hansen Design lag außerhalb des Höchster Stadtkerns. Susanne folgte dem roten Hinweisschild, das an der zweiten Ampel im Zentrum nach links wies. Nach einigen hundert Metern, vorbei an einem Sägewerk, einem Verbrauchermarkt und einem Getränkehandel, bog sie auf die abschüssige Zufahrt ein, die sie direkt auf den Firmenparkplatz brachte. Sie steuerte ihren Wagen auf einen der freien Besucher-Parkplätze. Bevor sie ausstieg, ordnete sie ihr kurzes hellblondes Haar und entfernte die Aschereste von ihrem dunkelblauen Sweatshirt.

Der Dame am Empfang nannte Susanne ihren Namen und erklärte, sie habe einen Termin bei Herrn Hansen.

„Moment, da muss ich nachfragen. Um wie viel Uhr, sagten Sie?"

Susanne warf einen kurzen Seitenblick auf die imposante Wanduhr. „Um 15 Uhr 30", antwortete sie lächelnd. „Da bin ich ja sogar ziemlich pünktlich."

Während die Empfangsdame mit der Sekretärin des Firmenchefs sprach, nahm Susanne auf dem Besuchersofa Platz. Sie wollte gerade nach einer Zeitschrift der Industrie- und Handelskammer greifen, als sie an den Schalter herangewinkt wurde.

„Bedaure, Herr Hansen ist leider nicht im Haus. Und für heute Nachmittag ist auch kein Termin eingetragen."

„Zu dumm."

„Haben Sie sich vielleicht im Datum geirrt?"

„Nein, ausgeschlossen." Susanne stützte sich mit den Händen an der Schaltertheke ab. „Wissen Sie, es ist ziemlich dringend. Könnte ich wohl mit Frau Hansen sprechen?"

„Für Einstellungen ist eigentlich der Chef zuständig", sagte die Empfangsdame.

„Darum geht es nicht. Rufen Sie doch bitte Frau Hansen an und sagen Sie ihr, ich möchte sie in der Angelegenheit Fritjof sprechen. Sie weiß dann sicher Bescheid."

Das geräumige Büro von Marianne Hansen lag im ersten Stock, nur wenige Meter vom Fahrstuhl entfernt.

„Sind Sie von der Kriminalpolizei?", fragte Frau Hansen ohne Umschweife. „Ihre Kollegen waren doch heute Vormittag schon da."

Susanne verneinte. „Darf ich mich setzen?"

„Ja, sicher. Also?"

„Ich komme im Auftrag von Tobias Bloch. Mein Name ist Susanne Kramer. Ich bin seine Assistentin."

Frau Hansens Gesichtszüge strafften sich. „Verstehe. Hören Sie, junge Frau, die Sache von damals ist erledigt. Damit wir uns da nicht falsch verstehen. Mein Mann darf davon nichts erfahren."

„Herr Bloch ist für seine Diskretion bekannt. Ich komme auch nicht deshalb, sondern wegen der Mordsache Fritjof. Sie wissen, dass auch mein Chef auf der Liste des Toten steht?"

Marianne Hansen nickte. „Mein Mann hat mir die Kopie gezeigt, die er von der Kriminalpolizei bekam. Merkwürdige Geschichte. Walter kannte diesen Erbacher Rechtsanwalt gar nicht."

„Sind Sie sicher? Es könnte doch sein ..."

„Wieso sollte er lügen? Wenn er mit diesem Fritjof etwas zu tun hatte, wird man das doch sicher herausfinden. Früher oder später. Der Mann scheint sich ja ziemlich viele Notizen gemacht zu haben. Außerdem ist da auch noch seine Kanzlei in Erbach. Seine Angestellten, sein Terminkalender, seine Korrespondenz." Frau Hansen lehnte sich zurück. „Nein, ich glaube nicht, dass Walter die Unwahrheit sagt. Wieso sollte er auch? Das würde ihn doch nur verdächtig machen."

„Er hat also keine Erklärung für sein Auftauchen auf dieser Liste?"

„Nein."

„Dann wären es schon zwei", sagte Susanne emotionslos.

„Wie meinen Sie das?"

„Herr Bloch hatte auch keinen Kontakt zu Fritjof. Die einzige Verbindung, die er erkennen kann, der einzige Name auf der Liste, der ihm etwas sagt, ist der Ihres Mannes. Komischer Zufall, nicht?"

Marianne Hansen beugte sich vor. „Ihr Chef kümmert sich doch um die Angelegenheit?"

„Selbstverständlich. Schon aus eigenem Interesse. Schließlich wird auch er von der Kriminalpolizei behelligt."

Frau Hansen lächelte. „Sehr gut, sehr gut", murmelte sie. „Dann können wir ihm ja alle nur viel Glück wünschen." Sie stutzte. „Ihnen natürlich auch, Frau ...? Wie war doch gleich Ihr Name?"

„Kramer. Susanne Kramer." Sie erhob sich langsam aus dem unbequemen Stuhl Marke Hansen Design. „Gut möglich, dass Herr Bloch Sie oder Ihren Mann demnächst aufsucht." Sie lächelte. „Heute hat er sich noch nicht getraut, weil er nicht sicher sein konnte, dass Sie bereits eingeweiht sind. Aber jetzt wissen Sie ja Bescheid, nicht wahr?"

Die Firmenchefin nickte. „Es geht einzig und allein um den Mordfall Fritjof." Sie führte Susanne zur Tür. „Er kann ruhig mal vorbeikommen, Ihr Chef, wenn er etwas herausgefunden hat. Ein reizender junger Mann, finden Sie nicht auch?"

Susanne war über den plötzlich so vertraulichen Tonfall erstaunt. „So jung ist er nun auch nicht mehr."

„Alles eine Frage der Sichtweise", antwortete Frau Hansen verschmitzt. „Wenn Sie erst mal in meinem Alter sind ..."

In der malerischen, verwinkelten Altstadt von Michelstadt nahm sich Tobias Bloch – wie schon viele Male zuvor – die Zeit, um einen Blick auf das spätgotische Rathaus zu werfen, das im Jahre 1484 von einem leider unbekannten Baumeister errichtet worden war. Der originelle Fachwerkbau ruhte auf wuchtigen Pfosten aus Eiche. Sie rahmten eine offene Halle unterhalb des eigentlichen Rathauses ein, wo in früheren Zeiten Gerichtsverhandlungen stattgefunden hatten und bei schlechtem Wetter Markt abgehalten worden war. Bloch stand vor der Westfront des beeindruckenden Fachwerkbaus, die ihre Schönheit den beiden Erkertürmchen und dem abgekanteten Giebel verdankte.

Als er weiterging, hatte er ausgesprochenes Glück. Schon in der zweiten Gasse hinter dem Rathaus entdeckte er einen vielversprechenden Schnellimbiss. Während er die umfangreiche Speisekarte studierte, die an der Außenwand angebracht war, wurde die Scheibe geräuschvoll beiseite geschoben.

„Was darf es denn sein, der Herr?" Eine nicht mehr ganz taufrische Dame, wahrscheinlich Anfang vierzig, wischte sich die Hände an ihrer ebenfalls nicht mehr ganz taufrischen Schürze ab.

Bloch hatte auf der Karte sein Lieblingsgericht entdeckt. "Nierenspieß", sagte er.

"Nierenspieße habe ich leider keine mehr. Aber ich könnte Ihnen einen Fleischspieß empfehlen. Der ist auch sehr gut."

Der Privatdetektiv schüttelte den Kopf. "Dann nehme ich eine Currywurst. Mit wenig Ketchup und viel Curry, wenn möglich."

"Kein Problem. Rind oder Brat?"

"Rind."

"Pommes, Brötchen?"

"Brötchen. Und ein kleines Pils."

"Wir haben nur große Flaschen."

Bloch zuckte die Achseln. "Dann trinke ich eben ein bisschen schneller."

Sie beugte sich nicht ungeschickt zum Kühlschrank herunter und nahm eine Bierflasche heraus. Mit schlafwandlerischer Sicherheit setzte sie den Öffner an. Der Korken flog direkt in den dafür vorgesehenen Abfalleimer. Es klackerte angenehm.

"Darf ich Sie zu etwas einladen?", fragte der Privatdetektiv.

Die Schönheit lächelte erstaunt. "Ein Kümmerling wäre nicht schlecht. Wollen Sie auch einen?"

"Nein danke. Ich hab es nicht so mit den Kräutern."

"Dann einen guten Weinbrand?"

"Überredet."

"Na, sehen Sie. Geht doch alles, wenn man nur will."

Höchste Zeit, den Rückzug anzutreten.

Mit dem Curry hatte die Dame im Überschwang ihrer Gefühle wahrlich nicht gespart. Schon nach zwei Bissen trieb es Bloch die Tränen in die Augen. Nur gut, dass er ordentlich nachspülen konnte. Und sie ihn nicht sah, weil er ihr den Rücken zugewandt hatte.

„Hat es geschmeckt?", fragte sie, als er die leeren Flaschen und den Teller auf die breite Holzfensterbank stellte.

Er nickte dankbar.

„War doch genug Curry?"

„Genau richtig. Was macht es?"

Sie murmelte ein paar Zahlen vor sich hin und nannte dann die Summe. Bloch nahm einen Geldschein aus seiner Brieftasche. „Stimmt so."

„Nobel, nobel. Noch einen kleinen Weinbrand? Auf Kosten des Hauses."

„Nein. Aber eine Auskunft. Hier in der Altstadt soll es einen Spielzeugladen geben. Wissen Sie zufällig, wo ich den finde?"

„Sicher. Sie gehen am Rathaus vorbei, nächste Straße links. Ist ein Eckhaus am Ende der Gasse. Sie können es gar nicht verfehlen."

„Danke." Er nickte ihr lächelnd zu.

„Beehren Sie uns bald mal wieder."

„Mache ich."

Bevor Tobias Bloch das Spielzeuggeschäft betrat, sah er sich zunächst die beiden Schaufenster näher an. In der Auslage an der Vorderfront des renovierten Fachwerkhauses war ausschließlich ökologisches Holzspielzeug ausgestellt. Eine blaue Lokomotive mit fünf verschiedenfarbigen Waggons fiel ihm sofort ins Auge.

„Die könnte Muzel gefallen", murmelte der Privatdetektiv.

Er bog um die Ecke und nahm das zweite Schaufenster in Augenschein. Stofftiere in allen Größen und Farben dominierten die Auslage. Bloch sah eine Maus, einen Affen, ein Krokodil, ein Känguru, einen Bären, einen Pinguin, eine Eule, eine Ente und einen recht großen Elefanten. Von Preisschildern auch hier keine Spur. Er stellte sich auf die Zehenspitzen, um in das Innere des nur schwach beleuchteten Ladens zu spähen, konnte aber kaum etwas erkennen.

Eine wohltönende Glocke kündigte sein Eintreten an. In dem Laden, dessen Regale von oben bis unten voll gestellt waren mit Kartons, Baukästen, Puppen und noch mehr Stofftieren, war niemand zu sehen. Bloch bahnte sich vorsichtig einen Weg zu dem flachen Holzschreibtisch, der als Kassentheke fungierte. Einem dekorativen Mobile, an dem zahlreiche kleine Dinosaurier durch die Luft schwebten, konnte er gerade noch rechtzeitig ausweichen. Dabei übersah er allerdings ein an der Decke aufgehängtes Flugzeug und stieß mit der Stirn gegen einen seiner ausladenden Flügel. Er fluchte leise.

„Tut mir Leid. Ich wollte es schon längst höher hängen." Aus einem Nebenraum war, von Bloch unbemerkt, eine junge Frau in schwarzem Pullover und weitem zimtfarbenen Rock in den Laden getreten. Sie schob sich eine lange Strähne ihres dunkelbraunen Haares hinters Ohr.

Bloch rang sich zu einem Lächeln durch. „Ach, halb so schlimm. Ich hätte ja besser aufpassen können."

„Trotzdem. Das muss jetzt endlich gemacht werden." Unter dem Schreibtisch zog sie einen kleinen Holzschemel hervor und ging damit in die Mitte des Raumes.

Der Privatdetektiv trat einen Schritt zurück, um ihr Platz zu machen. „Kann ich vielleicht helfen?"

Während sie die Nägel vorsichtig aus der Decke zog, nickte sie ihm zu. „Ich habe den Hammer vergessen. Er muss in der obersten Schublade des Schreibtisches liegen. Wenn Sie bitte mal nachschauen könnten ..."

Er umkurvte die Frau, die etwas unsicher auf dem Schemel stand, und sah in besagter Schublade nach. Aber darin befanden sich nur ein Quittungsblock, Geschenkpapier, einige farbige Bänder sowie Büroklammern und Kugelschreiber. „Da ist er nicht", erklärte er bedauernd.

„Dann sehen Sie bitte in den anderen Schubladen nach. Irgendwo muss er ja sein."

„Sicher." Er zog das nächste Fach auf. Eine angebrochene Packung Vollkornkekse, eine Karte des Odenwaldes, eine Schere, ein Schraubenzieher und eine Geldkassette waren darin verstaut. In der untersten Schublade wurde er endlich fündig und förderte einen niedlichen kleinen Hammer zutage. So schnell es der ziemlich enge Raum zuließ, brachte er ihn zu ihr. Mit einigen gezielten Schlägen jagte sie die zwei Nägel durch die breite Schnur, an der das Holzflugzeug wild schaukelte.

„Ist die Höhe so gut?" Sie stieg vom Schemel herunter und schob ihn beiseite.

Der Privatdetektiv stellte sich in voller Lebensgröße unter das noch immer heftig schwingende Flugzeug. „Ausgezeichnet", stellte er anerkennend fest. „Ich könnte sogar einen Hut tragen." In diesem Augenblick landete der Flieger unsanft auf seinem Kopf und stürzte dann zu Boden. Dabei knickte einer der Flügel ein.

„Um Himmels willen!" Die Inhaberin des Spielzeugladens war vor Schreck blass geworden. „Haben Sie sich verletzt?" Auch auf Zehenspitzen konnte sie sich keinen befriedigenden Überblick über die Absturzstelle auf seinem Kopf verschaffen.

Bloch strich sich vorsichtig über sein kurzes dunkelblondes Haar. „Halb so wild", sagte er. „Es blutet nicht mal." Er kniete nieder und hob das ramponierte Flugzeug auf. „Besser, Sie stellen den Irrflieger ins Regal. Von dort aus hat er auch eine schöne Aussicht."

Sie nahm ihm das Flugzeug ab und legte es vorsichtig auf den Schreibtisch. Denn in den Regalen war im Moment kein Platz frei. „Ihnen ist auch wirklich nichts passiert?", fragte sie mit besorgter Miene.

„Nein." Der Privatdetektiv schüttelte den Kopf. „Dann können wir ja endlich zur Sache kommen. Es sei denn, es müssen zuvor noch ein paar andere Handwerksarbeiten erledigt werden ..."

Sie lächelte. „Was suchen Sie denn?"

„Sie, Frau Küster. Ich hätte da ein paar Fragen."

Die junge Frau stöhnte leise.

„Ist Ihnen nicht gut?"

„Ich bin nicht Frau Küster. Mein Name ist Doris Hartung. Haben Sie das Schild neben der Eingangstür nicht gesehen?"

„Nein." Bloch runzelte die Stirn. „Das heißt, der Laden gehört gar nicht mehr Frau Küster? Genauer gesagt, Angelika Küster. Damit es nicht noch mehr Missverständnisse gibt."

Doris Hartung hatte sichtlich Mühe, die Fassung zu wahren. „Frau Küster ist tot", sagte sie mit gepresster Stimme. „Sie ist im letzten Monat bei einem Verkehrsunfall ums Leben gekommen."

Bloch atmete tief durch. „Jetzt muss ich mich erst mal setzen."

„Kommen Sie, wir gehen nach nebenan." Sie führte ihn in einen kleinen Raum hinter dem Schreibtisch. Dort war gerade genug Platz für einen Tisch, zwei Klappstühle und einen kleinen Kühlschrank, auf dem eine Zweierkochplatte stand. „Möchten Sie etwas trinken?", fragte sie. „Einen Tee vielleicht?"

„Etwas Kaltes wäre mir lieber."

Sie öffnete den Kühlschrank. „Grapefruitsaft? Wasser?"

„Wasser." Als sie ihm einschenkte, fragte er: „Bei einem Verkehrsunfall?"

Sie nickte betrübt. „Muss schrecklich gewesen sein. Sie ist frontal gegen einen gemauerten Pfeiler gefahren. In der Zeitung stand, dass sie sofort tot war."

„Wo ist das passiert?"

„Am Ortseingang von Höchst. Sie kennen die Stelle vielleicht. An der Bahnüberführung."

„Da bin ich auf dem Weg hierher vor kurzem selbst noch durchgefahren." Er trank einen Schluck Wasser. „Komisch, komisch", murmelte er nachdenklich.

„Was meinen Sie?"

Bloch winkte ab. „Ach, das ist eine andere Geschichte. Musste sie jemandem in der Kurve ausweichen?"

Doris Hartung zuckte die Achseln. „Keine Ahnung. In der Zeitung stand nur, dass sie wohl mit überhöhter Geschwindigkeit gefahren ist und die Kontrolle über ihr Fahrzeug verloren hat."

„Alkohol?"

„Davon war keine Rede."

„War sie allein im Wagen?"

Die Ladeninhaberin bejahte.

Der Privatdetektiv leerte sein Glas. Seine Augen tränten. „Uah!" Er schüttelte sich. „Schön kalt."

„Was wollten Sie von Frau Küster?", fragte Doris Hartung zögernd.

„Hat sich erledigt. Leider." Bloch erhob sich. „Eine Frage noch: Von wem haben Sie den Laden gekauft?"

„Gemietet", korrigierte sie. „Von einem Immobilienmakler. Felix Schreiner. Ihm gehört das ganze Haus."

„Wohnt er hier in Michelstadt?"

„Ja. Er hat ein Haus im Neubauviertel oberhalb der Altstadt."

„Ich gehe jetzt besser wieder", sagte Bloch.

Sie begleitete ihn in den Verkaufsraum. „Tut mir Leid, dass Sie umsonst gekommen sind."

„Das Telefonbuch war eben nicht auf dem neuesten Stand."

„Und das mit dem Holzflugzeug war wirklich blöd von mir", sagte Doris Hartung zum Abschied.

Bloch hielt abrupt inne. „Das war das Stichwort! Menschenskind, hätte ich beinahe vergessen!"

Sie sah ihn fragend an.

„Sie haben da eine schöne Holzeisenbahn im Schaufenster. Die mit der blauen Lokomotive. Sie ist doch verkäuflich?"

„Sicher."

„Gut, die nehme ich. Und dann bräuchte ich noch einen Elch. Einen Stofftier-Elch, genauer gesagt. Möglichst lebensecht."

Sie schüttelte den Kopf. „Da kann ich Ihnen leider nicht weiterhelfen. Aber wenn Sie sich mal hier im Regal umschauen wollen, ansonsten ist fast jede bei Kindern beliebte Tierart vertreten."

„Gehen Elche denn schlecht?"

„Keine Ahnung. Als ich den Laden übernommen habe, war keiner da. Und seither hat auch niemand danach gefragt. Sie sind der Erste." Während Doris Hartung die Eisenbahn aus dem Schaufenster holte und in einem Karton verstaute, sah er sich die Stofftiersammlung an. „Ich kann mich so schwer entscheiden", sagte er. „Wen finden Sie schöner? Den Pinguin da links oder den Waschbären?"

Sie lächelte. „Pinguine kauft doch jeder. Ich würde den Waschbären nehmen."

Bloch holte das Stofftier aus dem Regal. „Ich werde ihn Wendelin nennen, obwohl er gar nicht für mich ist. Ein Geschenk, verstehen Sie?"

Nachdem er an dem Schreibtisch bezahlt hatte, fragte sie: „Sie haben Kinder?"

„Nein." Der Privatdetektiv schüttelte den Kopf. „Aber eine Assistentin. Zumindest zeitweise."

Kapitel 4

Bauernregel

Als Tobias Bloch zu seinem Haus in Heubach zurückkehrte, war von Susannes grünem Fiat nichts zu sehen. „Was treibt die so lange in Höchst?", murmelte er leise vor sich hin, während er nacheinander den Karton und die große Papiertüte aus dem Kofferraum hob. Das Rascheln verfehlte seine Wirkung nicht. Wie ein geölter Blitz schoss Muzel aus dem Garten. Sie konnte gerade noch rechtzeitig vor der hinteren Stoßstange des Wagens bremsen.

Der Privatdetektiv beugte sich zu seiner Katze herab und wollte sie kraulen. Aber Muzel war mehr an dem Inhalt der Papiertüte interessiert. Sie schob ihren Kopf durch einen der Henkel und beschnupperte den Waschbären. Als sie ihm mit der rechten Vorderpfote einen Klaps geben wollte, konnte er ihr gerade noch rechtzeitig in die Parade fahren.

„Nein, Muzel! Der ist nicht für dich!" Diese Feststellung schien die dreifarbige Katze überhaupt nicht zu beeindrucken. Aufgeregt drängelte sie sich zwischen den Hosenbeinen ihres Herrchens hindurch. Bloch schnappte sich die Tüte und brachte sie im Haus in Sicherheit. Als er den Schrank im Flur verschlossen hatte, warf er Muzel einen lächelnden Blick zu. „Pech gehabt, meine Liebe! Aber keine Sorge, ich hab dir auch was mitgebracht. Komm, wir holen den Karton!"

Im Wohnzimmer stellte er das Geschenk für die Katze ab. „Noch nicht auspacken!", sagte er überflüssigerweise, denn der Karton war gut verklebt. „Ich muss erst mal was

Gescheites trinken." Er kehrte mit einer Flasche Pils zurück. Für einen Kronkorken war Muzel immer zu haben, deshalb konnte er in Ruhe ein Glas trinken. Dann endlich packte er die blaue Holzlokomotive und die fünf Waggons aus. Unentschlossen schlich die Katze um die Eisenbahn herum.

„Gefällt sie dir etwa nicht?", fragte Bloch entrüstet. „Wenn du wüsstest, was die gekostet hat!" Er schob die Eisenbahn vom Teppich auf das Holzparkett. Auf dem glatten Untergrund rollte sie richtig gut. Mit einem mächtigen Satz stürzte sich die Katze auf die Lokomotive. „So ist es brav", murmelte Bloch zufrieden. Muzel war mit Feuereifer dabei, die Eisenbahn in ihre Einzelteile zu zerlegen. „Hab doch gewusst, dass sie dir gefallen wird." Er setzte sich erleichtert ins Sofa und schenkte sich nach.

Die abendliche Nachrichtensendung war gerade zu Ende, als es endlich klingelte. „Hab leider vergessen, den Schlüssel mitzunehmen", sagte Susanne entschuldigend, als er ihr die Haustür öffnete.

„Die Terrassentür wäre offen gewesen", murmelte Bloch verdrossen.

„Ich schleiche doch nicht im Dunkeln durch deinen verwahrlosten Garten! Am Ende fällt mich noch ein Maulwurf an."

Er schloss die Haustür hinter ihr. „So blöd sind die nicht."

„Schlechte Laune, Herr und Meister?", fragte Susanne, nachdem sie sich im Ledersofa niedergelassen hatte.

Bloch ignorierte die Frage und schlurfte in die Küche.

„Für mich bitte auch eins!", rief ihm Susanne hinterher.

Die Bierflaschen schepperten, als er ins Wohnzimmer zurückkehrte. Seufzend sank er in seinen Sessel. „So, jetzt rühre ich mich nicht mehr von der Stelle. Jetzt ist Feierabend." Er zündete sich eine Zigarette an. „Warst ja ganz schön lange in Höchst. Hätte nicht gedacht, dass der liebe Walter so gesprächig ist."

„Der liebe Walter war gar nicht in der Möbelfabrik."

„Verstehe. Und deshalb hast du ihn die ganze Zeit über gesucht. Susanne, das wäre doch nicht nötig gewesen!"

„Ich habe mit seiner reizenden Gattin gesprochen."

„Ist sie mir immer noch böse, dass ich ihren Mann damals nicht des Ehebruchs überführen konnte?", fragte Bloch.

„Im Gegenteil. Sie würde dich gern mal wiedersehen." Susanne kicherte. „Einen reizenden jungen Mann hat sie dich genannt. Ich bin vor Scham errötet."

„Mach dir nichts draus. Das sind die Wechseljahre. Wirst du auch noch erleben."

„Sie behauptet jedenfalls, dass ihr Mann Holger Fritjof nicht gekannt hat."

„Hmm." Er trank einen Schluck. „Langsam wird mir einiges klar."

„Nämlich?"

„Auf dieser Liste stehen nur Leute, die mit dem Ermordeten nichts zu tun hatten. Dass mir das nicht früher aufgefallen ist!"

„Die anderen Namen auf dem Zettel haben ihrem Mann auch nichts gesagt. Und dass Frau Hansen dich kennt, hat sie ihrem Mann gegenüber natürlich verschwiegen."

Der Privatdetektiv seufzte. „Frau Hagedorn hat also auch in Höchst ihr Flugblatt verteilt."

Susanne nickte.

„Eines verstehe ich nicht: Um diese wirklich Aufsehen erregenden Fakten zu eruieren, hast du mehrere Stunden gebraucht? Das kann ja heiter werden!"

„Ich war ja nicht nur in Höchst."

„Aha. Hast du noch einen Einkaufsbummel in Bad König gemacht?"

„Dazu hätte ich einen Vorschuss gebraucht. Nein, ich habe mir den Tatort näher angesehen."

„Die Polizei hat also schon ein Gipfelkreuz aufgestellt. Hätte ich denen gar nicht zugetraut."

Susanne verzog das Gesicht. „Die Blutspuren waren unübersehbar."

„Wo genau im Felsenmeer ist das passiert?" Es gelang ihm tatsächlich noch, eine vernünftige Frage zu stellen.

„Der Tatort befindet sich auf dem Aussichtspunkt zwischen dem oberen und dem unteren Teil des Felsenmeeres. Nicht ungeschickt gewählt, wenn man jemanden tief fallen lassen will."

„Aber er hatte doch ein Messer im Rücken!"

„Doppelt gemäht hält besser", sagte Susanne. „Alte Odenwälder Bauernregel. Müsstest du eigentlich kennen. Nein, im Ernst. Der Täter muss sein Opfer zu diesem Punkt gelotst haben, wohl unter dem Vorwand, die schöne Aussicht auf den unteren Blockstrom zu genießen."

„Es könnte sich also um eine rein private Ausflugstour gehandelt haben. Ohne Druck, ohne Zwang, ohne Schusswaffe."

Susanne schnappte sich eine angebrochene Bierflasche und füllte ihr Glas. „Der Mörder hat dem arglosen Holger Fritjof das Messer in den Rücken gerammt und ihn mit einem kräftigen Stoß ins Felsenmeer gestürzt", spekulierte sie. „Der untere Teil fällt ziemlich steil ab, wie du vielleicht weißt."

Bloch nickte. „Trotzdem, ganz schön riskant."

„Meinst du, jemand überlebt einen solch tiefen Sturz auf Felsbrocken?"

„Nein, nein. Das ist schon klar. Aber die Gefahr, an diesem exponierten Punkt entdeckt zu werden, war doch ziemlich groß."

„Nach Aussage von Frau Hagedorn ist der Mord wohl zwischen achtzehn und einundzwanzig Uhr verübt worden. Wobei ich eher auf einen späteren Zeitpunkt innerhalb dieser Spanne tippe. Um diese Zeit dürfte zu dieser Jahreszeit im Felsenmeer nicht mehr sonderlich viel los gewesen sein. Selbst an einem Sonntag. Und außerdem war das Wetter mies, wenn du dich erinnerst."

„Hast du sonst noch etwas entdeckt bei deiner Exkursion zu den Relikten der Römerzeit?", fragte der Heubacher Privatdetektiv. „Irgendwelche verdächtigen Spuren oder geheimnisvollen Hinweise?"

Sie schüttelte den Kopf. „Ich muss aber zu meiner Schande gestehen, dass ich nicht unter jedem Felsbrocken nachgesehen habe."

„Typisch! Nur gut, dass ich nicht untätig war."

„Hast du diese Angelika Küster mit deinem unwiderstehlichen Charme um den Finger gewickelt?", fragte Susanne. „Hat sie alles gestanden?"

„Ich bin leider ein bisschen zu spät gekommen. Angelika Küster liegt nämlich schon unter der Erde. Oder wurde eingeäschert, das weiß ich nicht."

Susanne runzelte die Stirn.

„Die Nummer eins auf Holger Fritjofs mysteriöser Liste ist im letzten Monat bei einem Verkehrsunfall tödlich verunglückt. Nur bin ich mir nicht ganz sicher, ob das tatsächlich ein gewöhnlicher Unfall war. Vielleicht hat jemand nachgeholfen. Vielleicht hatte jemand ein Interesse daran, sie mundtot zu machen."

„Wenn es dir nicht zu viel Mühe bereitet, wüsste ich gern, worum es geht", sagte seine Assistentin. „Du sprichst nämlich in Rätseln."

Bloch berichtete ihr von seinem Gespräch mit der neuen Inhaberin des Spielzeuggeschäftes in Michelstadt. „Das scheint mir alles ein wenig zu glatt über die Bühne gegangen zu sein", sagte er. „Kaum ist Frau Küster unter fragwürdigen Umständen von der Bildfläche verschwunden, nistet sich auch schon ihre Nachfolgerin in dem Laden ein. Augenscheinlich gab es keine größeren polizeilichen Ermittlungen und keine Schwierigkeiten bei der Geschäftsübernahme."

„Konnte diese neue Inhaberin ..."

„Hartung", ergänzte der Privatdetektiv. „Doris Hartung."

„Konnte sie mit dem Namen Holger Fritjof etwas anfangen?", fragte Susanne.

Bloch tippte sich an die Stirn. „Ich bin doch nicht blöd. In diesem frühen Stadium der Nachforschungen gebe ich doch noch nicht alle meine Trümpfe aus der Hand." Er lehnte sich selbstzufrieden zurück. „Ich habe die Fragen gestellt – und keine der ihren beantwortet."

„Könnte es sein, dass du schlicht und einfach vergessen hast, nach Fritjof zu fragen?"

Der Privatdetektiv verzog das Gesicht. „Nach dem kann ich mich immer noch erkundigen. War sicherlich nicht das letzte Mal in Michelstadt." Er schenkte sich nach. „Ich habe da übrigens eine schnuckelige Imbiss-Tussi kennen gelernt. Nierenspieße hatte sie leider keine mehr, aber dafür ..."

„Du weichst mir aus", unterbrach sie ihn energisch.

„Liebe Susanne", sagte er. „Es kann doch überhaupt nicht schaden, dass Doris Hartung jetzt noch nichts von Sachen weiß, die sie vielleicht noch gar nicht wissen darf."

„Du hast schon überzeugender argumentiert."

„Ja? Wann war das? Das musst du mir unbedingt erzählen!"

Susanne zündete sich eine Zigarette an. „Wie spät ist es eigentlich?"

Er deutete auf die Wanduhr, die über ihr hing. „Gleich viertel nach zehn."

„Dann schalte bitte den Fernseher ein. Ich darf die Talkshow nicht verpassen."

Stöhnend reichte er ihr die Fernbedienung.

„Danke." Susanne lächelte. „Wenn du zufällig an der Küche vorbeikommst, kannst du mir noch ein Bier mitbringen. Meine Flasche ist nämlich leer."

Kapitel 5

Lokaltermin

Mit einem eleganten Satz landete Muzel mitten auf seinem Bauch. „Uah!", röchelte Tobias Bloch benommen. Er drehte sich langsam auf die Seite. Vorsichtig kletterte die Katze über seinen Oberarm bis zur Schulter. Dann leckte sie ihm genüsslich die linke Ohrmuschel ab. Der Privatdetektiv fuhr hoch. „Blödes Vieh!", murmelte er mit trockener Kehle. „Kannst du mich nicht ein Mal ausschlafen lassen?" Die Katze war längst wieder von seinem Bett gesprungen und verfolgte aus sicherer Distanz jede seiner ungelenken Bewegungen. Als er mit halb geschlossenen Augen nach seinen Hausschuhen suchte, maunzte sie mitleiderregend.

Bloch erhob sich schwerfällig und trottete hinunter in die Küche. Die hellwache Katze wies ihm zielsicher den Weg und wartete ungeduldig an ihrem leeren Futternapf. „Eines nach dem anderen. Erst muss ich mal was trinken." Er schnappte sich eine fast halb volle Flasche Wasser vom Küchenbüfett und leerte sie gluckernd in einem Zug. Sein kräftiger Rülpser ließ die Katze zusammenzucken.

„So, nun zu dir. Wo waren wir gestern stehen geblieben? Bei Haihappen, richtig?" Mit zitterndem Schwanz umrundete Muzel ihren Napf. Bloch beugte sich in die Ecke neben den Getränkekästen, in der die Büchsen mit dem Katzenfutter standen. Er schnappte sich die erstbeste Dose und warf einen kurzen Blick auf das Etikett. „Geflügelleber ist auch was Feines", sagte er.

Als er die weichen, süßlich riechenden Häppchen in den Napf löffelte, hörte er langsam näher kommende Schritte von der Holztreppe. „Ah, Madame ist auch schon wach!" Er schenkte der eifrig schlabbernden und schmatzenden Muzel ein Lächeln. „Hast du ihr auch das Ohrläppchen abgeleckt?"

An den Türrahmen gelehnt, beobachtete eine sichtlich derangierte Susanne die beiden. Ihr hellblauer Schlafanzug war bestimmt zwei Nummern zu groß, trotzdem ließ er genug von ihrer interessanten Figur erkennen. Bloch drehte sich zu ihr um. „Einen wunderschönen guten Morgen!", sagte er. „Gut geschlafen in der ungewohnten Umgebung?"

Sie nickte matt.

„Wasser?"

Heftiges Kopfnicken.

Bloch nahm eines der Gläser aus dem Schrank und stellte es zusammen mit einer vollen Flasche auf den Küchentisch. Susanne setzte sich und lächelte ihn aus leicht geröteten Augen dankbar an. Nach zwei Gläsern hatte sie ihre Sprache wiedergefunden. Sie deutete auf seine nackten Beine. „Schläfst du öfter unten ohne? Mir wäre das viel zu kalt."

Bloch, in der Unterhose und dem karierten Flanellhemd von gestern, nickte. „Lässt meine Behaarung besser zur Geltung kommen."

„Und deine grazilen Kniescheiben." Sie hustete geräuschvoll.

Er bereitete der schlüpfrigen Unterhaltung ein jähes Ende. „Kann ich zuerst ins Bad?"

„Sofort. Muss nur erst mal Pipi machen."

Eine Stunde später, es war kurz nach zwölf, saßen beide frisch geduscht und sittsam gekleidet am Küchentisch. Bloch versuchte gerade, ein weiteres Cornichon mit der

Gabel aus dem Gurkenglas zu fischen, als das Telefon klingelte. „Gehst du mal ran? Ich kann gerade nicht." Wieder stießen die Zinken der Gabel ins Leere. „Keine Sorge, du entkommst mir nicht!"

Nach dem sechsten oder siebten Klingeln hatte Susanne endlich ein Einsehen. Sie nahm im Flur den Hörer ab. Und kehrte kurz darauf mit schnellen Schritten in die Küche zurück. „Finke!", flüsterte sie. „Er möchte dich sprechen."

Der Privatdetektiv runzelte die Stirn. „Ich kenne keinen Finke. Was will er denn?"

„Mensch, Tobias!" Sie schnaufte. „Torsten Finke! Die Nummer sieben auf Fritjofs Liste!"

Bloch ließ von den Cornichons ab. „Dein Gedächtnis möchte ich haben", sagte er beim Hinausgehen.

Als er nach wenigen Minuten in die Küche zurückkam, wäre er beinahe über Muzel gestolpert, die es sich vor seinem Stuhl bequem gemacht hatte. „Kannst du nicht aufpassen?", murrte er. Aber die Katze sah ihn nur verträumt an.

„Und? Was war?", fragte Susanne.

Bloch, der im Augenblick nicht auf seinen Platz zurückkehren konnte, lehnte sich an das Küchenbüfett. „Die Tür stand doch halb offen. Hattest du dein Hörgerät nicht eingeschaltet?"

Susanne verzog das Gesicht. „Bei deinem Nuscheln versteht man doch nichts."

„Ich werde gleich mal nach Höchst fahren, um mich mit Finke zu treffen."

„Aha."

„Sonst noch Fragen?"

„Nein. Wieso denn?", antwortete Susanne. „Ist doch alles sonnenklar."

Bloch zündete sich eine Zigarette an. „Finke ist ein ulkiger Typ", sagte er. „Er behauptet doch tatsächlich, Holger Fritjof gekannt zu haben."

„Dann wäre er der Erste."

„Der es zugibt." Der Privatdetektiv grinste. „Wie war das noch mit dem Angriff und der besten Verteidigung?"

Susanne erhob sich und begann den Küchentisch abzuräumen. „Spülen kannst du ja später. Wenn du zurückkommst ..."

„Sicher. Und welche Pläne hat meine reizende Assistentin?"

Susanne schraubte das Gurkenglas zu. „Ich werde mal mit der Nummer fünf sprechen. Diesem Maximilian Haussmann. Falls ich ihn in Michelstadt antreffe."

Bloch schüttelte verdutzt den Kopf. „Hast du Fritjofs Gedicht auswendig gelernt?"

„Nein. Aber im Gegensatz zu dir funktioniert mein Namensgedächtnis noch recht gut. Andererseits ist es aber auch kein Wunder. Du bist schließlich fast vier Jahre älter als ich. Und jenseits der dreißig macht sich schon jeder Monat bemerkbar."

„Männer in meinem Alter ...", wollte er widersprechen.

„Sollten sich an die Abmachungen halten. Ich habe schon einen ganzen Tag für dich geschuftet und noch keinen müden Euro gesehen. Außerdem brauche ich ein bisschen Spesengeld. Mein Tank ist fast leer, von den Verpflegungskosten ganz zu schweigen."

„Schon gut." Bloch ging in den Flur, um seine Brieftasche aus der Jacke zu holen. „Kannst du mir mal die Tür aufhalten?", hörte sie ihn wenig später rufen.

„Aber, Tobias! So viel wollte ich nun auch nicht! Ein paar Hundert reichen für den Anfang."

„Die Tür, Menschenskind!"

Eine große Papiertüte verdeckte den Oberkörper und einen Teil des Kopfes des berühmten Privatdetektivs aus Heubach. „Habe ich gestern ganz vergessen", sagte er schmunzelnd. „Ein kleines Geschenk aus Michelstadt." Er stellte es auf dem Küchentisch ab.

„Und so schwer, dass du unmöglich allein die Tür aufmachen konntest."

Bloch nickte. „Absolut unmöglich."

Sie lugte in die Tüte. „Darf ich?"

„Ich bitte darum!"

Vorsichtig zog Susanne den Waschbären ans Tageslicht. Sie strahlte. „Hübsches Kerlchen. Danke, Chef!"

„Ist das alles? Könntest du nicht wenigstens rufen: Och, der ist aber süß! Ich renne mir die Hacken ab, durchkämme alle Spielzeuggeschäfte im vorderen, mittleren und hinteren Odenwald. Und du sagst nur ..." Ein zärtlicher Kuss auf die Wange beendete seinen Monolog.

„Hoppla!", rief er erstaunt. „Wenn ich das gewusst hätte, hätte ich gleich ein Waschbärenpärchen mitgebracht."

„Spinner!"

Aus seiner Brieftasche gab er ihr den gerechten Lohn für drei Arbeitstage plus angemessener Spesenzulage. „Eigentlich wollte ich ja einen Ölch erwerben. Aber von dieser reizenden Spezies hatte Frau Hartung nichts, aber auch gar nichts im Laden ..."

Sie schob ihn sanft zur Tür. „Finke wird nicht ewig auf dich warten. Also los!"

An der Haustür drehte er sich noch einmal kurz um. „Bring deinen Waschbären aber in Sicherheit, bevor du mein Heim verlässt. Sonst nimmt ihn sich Muzel vor. Sie war gestern schon sehr an ihm interessiert."

Nachdem Tobias Bloch die kurvenreiche und stark abfallende Strecke der Bundesstraße 45 nach Höchst erreicht hatte, schaltete er in den dritten Gang und nahm den Fuß vom Gas. ‚Kurz vor der Bahnüberführung biegt ein schmaler Weg nach links ab', hatte ihm Torsten Finke am Telefon gesagt. ‚Dort werde ich auf Sie warten.' Bloch setzte den Blinker, bremste ab und ließ die aus Höchst herausfahrenden Autos passieren. Er musste sich eine Weile gedulden, ehe sich eine Lücke auftat und er die Gegenfahrbahn gefahrlos überqueren konnte. Der schmale Weg, von dem Finke gesprochen hatte, entpuppte sich als Wanderpfad, der nur auf den ersten fünf, sechs Metern asphaltiert war. Er steuerte seinen schwarzen Renault an den äußeren rechten Rand des Weges. Von Finke, beziehungsweise dessen Wagen, keine Spur.

Bloch stieg aus dem Auto und zündete sich eine Zigarette an. Der Beschreibung nach konnte die Nummer sieben auf Holger Fritjofs rätselhafter Liste nur diese Abzweigung gemeint haben. Vor der Ortseinfahrt von Höchst bog kein weiteres Sträßchen links ab. Er schlenderte zum Straßenrand und begutachtete die beiden mit dunkelgrauen Steinen gemauerten Pfeiler der Überführung. Gegen den rechten war Angelika Küster also vor kurzem geknallt.

Bloch wiegte nachdenklich den Kopf. Komische Stelle für einen so folgenschweren Verkehrsunfall, dachte er. Aufgrund der ziemlich steil abfallenden und kurvenreichen Straße konnte man hier normalerweise kaum schneller als 50 Stundenkilometer fahren – und auch das war in Anbetracht der Umstände schon eine ordentliche Geschwindigkeit. Hatte sie jemand von der Straße gedrängt? War mit ihrem Auto etwas nicht in Ordnung gewesen, hatten die Bremsen versagt? Wenn man im oberen Bereich dieses Teils der Bundesstraße

45 die Geschwindigkeit nicht rechtzeitig drosseln konnte, war es durchaus denkbar, dass man mit stark überhöhtem und an dieser Stelle lebensgefährlichem Tempo Richtung Höchst raste.

Als sich ein mit mächtigen Holzstämmen beladener Lkw durch die Überführung quälte, ging Bloch zurück zu seinem Wagen. Wieso hatte Torsten Finke ausgerechnet diesen ungemütlichen Treffpunkt gewählt? Und wieso ließ er so lange auf sich warten? Er stieg in sein Auto, schlug die Tür zu und schaltete das Radio ein. Bloch hörte sich eine Zeit lang das Geschwätz einer übereifrigen Moderatorin an, die aus ihrer Empörung über das Ergebnis der letzten Landtagswahl keinen Hehl machte.

„Blöde Tussi!", zischte Bloch und drückte einen Knopf, um das Programm zu wechseln. Das laute Klopfen an der Scheibe der Fahrertür ließ den Privatdetektiv hochschrecken. Er schaltete das Radio aus und öffnete das Fenster.

„Tut mir Leid, wenn ich Sie erschreckt habe", sagte der untersetzte, höchstens einsfünfundsechzig große Mann bedauernd. „Aber Sie haben mein Eintreffen anscheinend nicht bemerkt."

Kluges Kerlchen.

Bloch winkte großzügig ab. „Schon gut. Sie müssen Herr Finke sein."

Der fast glatzköpfige Mann nickte so heftig, dass seine wenigen verbliebenen Haare in Unordnung gerieten. „Habe mich leider ein bisschen verspätet. Aber ich konnte wirklich nicht früher aus der Redaktion verschwinden."

„Macht nichts", sagte Bloch und stieg aus seinem Wagen. Erst jetzt bemerkte er den dunkelgrauen VW, der hinter seinem Auto parkte. „Ich habe mich inzwischen schon ein bisschen umgesehen." Er deutete auf den Pfeiler auf der anderen Straßenseite. „Dort ist es also passiert."

Torsten Finke bejahte. „Das Auto war ziemlich übel zugerichtet."

„Angelika Küster wohl auch."

„Nach Auskunft der Polizei war sie auf der Stelle tot. Als ich am frühen Nachmittag herkam, hatte man sie Gott sei Dank schon abtransportiert."

Bloch lehnte sich an den Kotflügel des Renault. „Sie waren am Unfallort?", fragte er erstaunt.

„Ist mein Job. Oder besser, ein Teil davon."

Bloch lächelte. „Rasender Lokalreporter? Experte für Hühnerzucht und Kaninchenkastration?"

Torsten Finke verzog das Gesicht. „Sie scheinen ein Kenner der Szene zu sein."

„Wollte früher selbst mal Ihrer Zunft beitreten."

„Hat man Sie nicht reingelassen?"

„Doch, doch. Aber ein zweijähriges Volontariat hat mich gerade noch rechtzeitig kuriert." Der Privatdetektiv warf einen Blick auf die zu dieser Zeit schon recht viel befahrene Bundesstraße 45. „Ziemlich ungemütlich hier. Können wir nicht an einem ruhigeren Plätzchen weiterreden? Oder sollte ich mir die Mauer dort drüben erst noch näher ansehen?"

Finke schüttelte den Kopf. „Nicht nötig. Fahren Sie hinter mir her. Hinter der ersten großen Kreuzung in der Innenstadt, gleich nach dem Kaufhaus befindet sich auf der rechten Seite eine gemütliche Pilsstube. Die müsste jetzt schon geöffnet sein."

„Direkt an der Hauptstraße?"

„Ja. Es ist aber gut möglich, dass Sie dort keinen Parkplatz finden."

Dem war so. Weiter und weiter musste sich Bloch von der verlockenden Kneipe entfernen, ehe er schließlich in einer Seitengasse einen Stellplatz fand. Torsten Finke erwartete ihn bereits in dem schummerigen Lokal an einem Ecktisch. Der Lokalredakteur hatte einen freien Parkplatz an der Hauptstraße ergattert. Bloch bestellte sich an der Theke ein Pils und zog seine Jacke aus.

„Bei welcher Zeitung arbeiten Sie eigentlich?", fragte der Privatdetektiv, nachdem er gegenüber von Torsten Finke Platz genommen hatte.

„Da gibt es ja wohl nicht viele Möglichkeiten. Beim Odenwald Kurier, wenn es recht ist."

Bloch nickte. „Nettes Heimatblättchen. Wenn mir die überregionalen Zeitungen zu langweilig werden, lese ich es gelegentlich. Am meisten imponiert mir der umfangreiche Sportteil." Er beugte sich zu Finke vor, um nicht von den anderen Gästen der Pilsstube gehört zu werden. „Wusste gar nicht, dass so viele Bauern im Odenwald Fußball spielen können. Oder es zumindest behaupten."

Der Lokalredakteur grinste. „Ich habe selbst lange genug über diese Kloppereien berichtet. Eishockey ist dagegen eine Mädchensportart, das können Sie mir glauben." Die in enge schwarze Jeans und eine weiße Bluse gehüllte Bedienung brachte die Getränke. Sie prosteten sich zu.

„Sind Sie schon lange bei dem Verein?", fragte Bloch nach einem kräftigen Schluck.

Finke nickte. „Die Silberhochzeit habe ich seit etlichen Jahren hinter mir."

„Respekt, Respekt! Ein bodenständiger Mensch."

„Den Absprung habe ich vor langer, langer Zeit verpasst. Und jetzt, auf meine alten Tage, mache ich mich nicht mehr verrückt. Ich kenne mich hier in der Gegend ganz gut aus – und die betreffenden Damen und Herren aus Wirtschaft, Politik, Sport und Showbusiness kennen mich auch. Das erleichtert die Arbeit ungemein."

Bloch zündete sich eine Zigarette an. „Warum haben Sie mich eigentlich angerufen?"

„Machen Sie Witze?" Finke zog eine leicht zerknitterte Packung Eckstein aus der Brusttasche seines Hemdes. „Sie stehen wie ich auf der Liste von Holger Fritjof. Das hat mich interessiert. Schließlich passiert nicht jeden Tag ein Mord im Odenwald."

Bloch warf ihm einen skeptischen Blick zu. „Wollen Sie mich etwa in Ihr Weltblatt hieven?"

„Quatsch. Mich interessiert lediglich, was Sie mit dieser ganzen Angelegenheit zu tun haben. Als ich dann auch noch erfahren habe, dass Sie Privatdetektiv sind, kannte meine Neugier natürlich keine Grenzen mehr."

Bloch leerte sein Pilsglas. „Wollen Sie auch noch eins?"

Finke bejahte. „Wie sind Sie eigentlich auf die Liste gekommen?", fragte der Lokalredakteur.

„Das wüsste ich selbst furchtbar gern. Ich habe nie etwas mit diesem Fritjof zu tun gehabt."

„Sicher?"

Bloch nickte. „Absolut. Und jetzt drehen wir den Spieß mal um: Sie geben immerhin zu, den Toten aus dem Felsenmeer gekannt zu haben, richtig?"

„Ja."

„Gehe ich recht in der Annahme, dass Ihre Bekanntschaft mit Herrn Fritjof in Zusammenhang steht mit dem Unfalltod von Angelika Küster?"

Finke lächelte matt. „Bitte nicht so umständlich. Was wollen Sie wirklich wissen?"

„Erstens: Warum hat sich dieser rechtschaffene Rechtsanwalt aus Erbach um diese Sache gekümmert? Hatte er einen Auftrag, in dieser Angelegenheit tätig zu werden? Und wenn ja, von wem?"

„Sofern ich ihn richtig verstanden habe und sofern er die Wahrheit gesagt hat ..." Finke unterbrach seine Erklärung, als die Bedienung mit dem Nachschub ankam. Erst jetzt bemerkte Bloch, dass auf ihrer weißen Bluse ein ebenso weißer Schwan eingewebt war. Romantik pur.

„Holger Fritjof hat mir nur gesagt, dass er Angelika Küster von früher her kannte und dass ihm die Sache mit dem tödlichen Autounfall reichlich suspekt vorkam."

Bloch trank einen Schluck. „Dieser Meinung könnte ich mich durchaus anschließen. Er war also davon überzeugt, dass der Unfall getürkt war?"

„So deutlich hat er das natürlich nicht ausgedrückt. War ja immerhin Rechtsanwalt. Aber er hatte erhebliche Zweifel, das war offenkundig."

„Hat er sein Verhältnis zu der Verstorbenen näher beschrieben?"

Finke schüttelte den Kopf. „Aber wenn er sich so dafür interessiert hat, ist wohl klar, dass ihm Frau Küster nicht ganz gleichgültig war ..."

„Ist anzunehmen." Bloch deutete auf das Päckchen Eckstein. „Dürfte ich mir wohl einen dieser Lungenputzer genehmigen?"

„Bedienen Sie sich."

Der Privatdetektiv zog eine Zigarette aus der Packung. „Wusste gar nicht, dass es die Dinger noch gibt."

„Natürlich nicht mehr überall. Aber an ausgewählten Kiosken und in größeren Tabakläden kann man Glück haben."

Bloch nahm einen kräftigen Zug. „Wunderbar", murmelte er, als er den Rauch in Richtung Lampe blies. „Schmecken noch genauso scheußlich wie früher." Er spülte mit einem Schluck Pils nach. „Sie haben sich ja sozusagen von Berufs wegen mit dem Unfall befasst. Welchen Eindruck hatten Sie von der ganzen Sache?"

„Das war für mich ein reiner Routinefall", antwortete der Lokalredakteur. „Gut, das demolierte Auto hat ein paar nette Fotos ermöglicht. Aber sonst ..."

„Und heute? Nachdem Sie wissen, was mit Holger Fritjof passiert ist?"

Torsten Finke nippte an seinem Glas. „Schwer zu sagen. Ich habe mir natürlich meine Gedanken gemacht. Und noch mal alle Unterlagen studiert. Aber es ergibt sich nach dem Polizeibericht kein einziger Hinweis auf einen fingierten Unfall oder auf eine Manipulation am Wagen."

Bloch winkte ab. „Ich bin zwar wahrlich kein Techniker. Aber glauben Sie wirklich, dass bei einem solchen Schrotthaufen noch genau festzustellen ist, ob alles mit rechten Dingen zugegangen ist? Glauben Sie, da sitzt noch jede Schraube an der richtigen Stelle?"

„Keine Ahnung. Aber so unzureichend sind die Möglichkeiten auch nicht, die bei einer Untersuchung eingesetzt werden können."

„Eben." Der Privatdetektiv nickte heftig. „Können, das ist das entscheidende Wort. Wer aber sagt mir, dass die Polizei sich wirklich große Mühe gegeben hat und alles genau unter die Lupe genommen hat? Bei einem völlig unbekannten Unfallopfer? Dazu haben die doch gar nicht die Zeit."

„Verehrter Skeptiker!", sagte Finke und hob sein Glas. „Sie stellen womöglich die richtigen Fragen. Aber Sie stellen sie am falschen Ort. Und Sie richten sie an die falsche Person. Prost!"

„Hatte Angelika Küster getrunken oder irgendwelche Tabletten genommen? Oder beides?"

„Laut Polizeibericht ergab die Blutprobe, die der Leiche entnommen wurde, einen zu vernachlässigenden Alkoholwert. Und von irgendeiner Einwirkung durch Medikamente steht dort nichts."

„Ist auch garantiert nicht sorgfältig danach gesucht worden." Bloch winkte die Bedienung heran. „Kann man in Ihrem reizenden Lokal auch eine Kleinigkeit zu essen bekommen?"

„Eine Suppe könnte ich machen", schlug der weiße Schwan vor.

Bloch schüttelte den Kopf. „Ein Brot, vielleicht mit Salami oder Schinken?", fragte er.

Sie dachte einen Augenblick lang nach. „Mit Salami, das ginge."

„Gut. Mit Gurke. Ohne Tomate. Wäre das möglich?"

Sie lächelte. „Tomaten habe ich sowieso nicht da."

Der Privatdetektiv sah Finke fragend an. „Möchten Sie auch etwas essen?"

Der Lokalredakteur verneinte. „Nein danke. Ist nicht meine Zeit." Die Bedienung entfernte sich.

„Wie Sie meinen", fuhr Bloch fort. „Aber beschweren Sie sich bloß nicht hinterher, wenn Sie sehen, welche Köstlichkeit man mir vorsetzt."

Finke verzog das Gesicht. „Ich habe hier einmal eine Gulaschsuppe gegessen. Diese Erfahrung reicht für ein Leben."

„Wollen Sie mir Angst einjagen?"

„Nein. Nur vor den Suppen warnen." Finke lehnte sich zurück. „Was mir immer noch nicht klar ist: Wie um Himmels willen sind Sie auf diese Liste gekommen? Sie haben Angelika Küster nicht gekannt, Sie haben Holger Fritjof nicht gekannt ..."

„Ich kenne fast niemanden auf dieser Liste", unterbrach ihn Bloch.

„Fast?"

„Hören Sie: Ein kluger Fußballer hat mal auf die Frage eines Reporters, ob er das Tor mit der Hand gemacht habe, sehr ruhig geantwortet: ‚Ich bin Profi. Ich sage nix.' Der Junge hat mir aus der Seele gesprochen."

Finke begann, sich mit einer weiteren Eckstein zu vergiften. „Witzig, sehr witzig." Er hustete lautstark. „Sie fragen die anderen aus, selbst aber machen Sie einfach die Schotten dicht."

„So ungefähr könnte man das umschreiben. Herr Finke, ich bin ein angesehener Privatdetektiv, ich habe wichtige Erfahrungen sammeln können in all den Jahren ..." Die Bedienung brachte ein üppiges Salamibrot. Ihrem forschenden Blick konnte man entnehmen, dass sie das Wörtchen Privatdetektiv beim Näherkommen aufgeschnappt hatte. „Bitte sehr, der Herr. Guten Appetit!"

„Danke." Bloch wickelte das Besteck aus der Papierserviette und schnitt die mächtige Gewürzgurke in kleine Scheiben.

„Sieht lecker aus", sagte Finke sarkastisch.

„Mir persönlich sind Cornichons auch lieber", gestand Bloch. „Aber große, triefende Gewürzgurken haben doch auch etwas für sich. Finden Sie nicht?" Er schnitt ein Stück des Salamibrotes ab und schob es sich in den Mund. „Aufgefeifnet", murmelte er kauend.

„Sie wollen mir also nicht verraten, welche Person oder welche Personen auf der Liste Sie kennen?", hakte der Lokalredakteur nach.

„So ist es. Jedenfalls jetzt noch nicht, Herr Finke! Ich tappe doch selbst im dunkelsten Dunkel! Bevor ich nicht wenigstens einen Anhaltspunkt habe, wäre ich doch blöd, wenn ich irgendjemandem gegenüber auch nur Andeutungen machen würde. Das kann man doch verstehen, oder?" Er säbelte an dem Salamibrot. „Sie wissen wenigstens, warum Sie auf Fritjofs Liste stehen, Sie Glücklicher! Weil Sie damals am Unfallort waren und über das Geschehen berichtet haben. Fritjof hatte Ihren Namen doch aus der Zeitung, oder?"

„Richtig. Er hat mich bei unserer ersten Kontaktaufnahme direkt in der Redaktion angerufen. Meine Privatanschrift kannte er zu diesem Zeitpunkt wahrscheinlich noch gar nicht."

„Sie haben sich mehrere Male mit ihm getroffen?", fragte der Privatdetektiv verwundert.

„Eigentlich bräuchte ich Ihnen diese Frage überhaupt nicht zu beantworten ..."

Bloch, den Mund voller Salami und Brot, bemühte sich um den treudoof-flehentlichen Blick eines Bernhardiners.

„Wir haben uns zweimal getroffen. Das erste Mal war ich in seiner Kanzlei in Erbach."

„Sie sind zu ihm gefahren und nicht er zu Ihnen?"

„Ich hatte sowieso in der Nähe zu tun. Also war das einfacher. Und das zweite Mal haben wir uns gemeinsam den Unfallort hier in Höchst angesehen. Klingt stark nach Verschwörung, hmm?"

Eine weitere Scheibe triefender Gewürzgurke verschwand von Blochs Teller. „Kennen Sie die anderen Herrschaften auf der Liste?"

„Nein. Jedenfalls nicht näher. Der Name Walter Hansen ist natürlich hier in der Gegend ein Begriff. Aber ich hatte noch nicht persönlich mit dem Möbelfabrikanten zu tun."

„Keine euphorische Firmenreportage zur Einführung eines neuen Wandregals?", fragte der Privatdetektiv.

„Für solche Sachen haben wir in der Redaktion eine PR-Spezialistin."

Bloch lachte. „Und sonst? Außer Frau Küster und mir?"

„Mit dieser mysteriösen Tanja kann ich genauso wenig etwas anfangen wie Sie vermutlich auch. Oder hat der berühmte Privatdetektiv aus dem idyllischen Heubach da schon weitergehende Erkenntnisse?" Finke leerte sein Glas in einem Zug. „Wieso frage ich das überhaupt?" Er tippte sich an die Stirn. „Sie würden es mir ja doch nicht sagen."

„Irrtum. Wenn ich nichts weiß, sage ich manchmal wirklich, dass ich nichts weiß", erklärte Bloch. „Diese Tanja ohne Nachnamen ist auch mir vorläufig noch ein Rätsel."

„Na ja, von Maximilian Haussmann weiß ich lediglich, dass er ein so genannter Heimatforscher ist. Grässliche Spezies übrigens. Solche Leute schicken uns immer wieder sehr langweilige Abhandlungen über ihre angeblich so sensationellen Forschungsergebnisse. Oder über das, was sie aus anderen Büchern oder Zeitungen abgeschrieben haben. Jedenfalls kenne ich ihn nur dem Namen nach. Und diese Italienerin, diese Franca Tarricone, hat eine Buchhandlung in Michelstadt."

Bloch nickte. „Das habe ich auch im Telefonbuch gelesen. Menschenskind, Finke! Sie sind ein exzellenter Kenner der Szene. Seit Jahren, was sage ich, seit Jahrzehnten schnüffeln Sie hier im Odenwald herum. Und dann diese kümmerlichen Informationen?" Er schob den leeren Teller zur Seite. „Nehmen wir doch nur mal den verehrten und vermutlich allseits hoch geschätzten Möbelfabrikanten aus der Nachbarschaft, diesen Walter Hansen. Wie kommt ein so renommierter Zeitgenosse, ein so wunderbares Wirtschaftswunderkind, auf diese Liste?"

Finke verzog das Gesicht. „Sie hätten Lyriker werden sollen." Er deutete auf sein leeres Glas. „Trinken wir noch etwas?"

„Aber sicher." Bloch erhob sich. „Ich bestelle gleich vorn an der Theke. Muss sowieso mal pinkeln."

Als er von seinem kleinen Ausflug zurückkehrte, begrüßte ihn ein frisches Pils an seinem Platz. „Die Dame ist auf Zack", murmelte er anerkennend. „Die versteht ihr Handwerk."

Finke lächelte. „Ein Pils in knapp drei Minuten. Das schafft nicht jeder."

Bloch tippte an sein Glas. „Alles eine Frage der Vorbereitung. Sehen Sie sich nur diese herrliche Schaumkrone an. Die fällt garantiert nicht binnen Sekunden in sich zusammen. Kann sie übrigens auch gar nicht, denn ich zerstöre sie augenblicklich." Seufzend wischte er sich ein wenig Schaum vom Mund. „Also, was ist mit unserem lieben Walter? Hat der Junge keine Vergangenheit? Keine Schwächen, keine Intrigen, keine Affären? Keine politischen Ambitionen, keine Ausbaupläne, keine Entlassungen?"

„Ist das der Alkohol? Oder reden Sie immer so wirr?"

„Finke! Ich spekuliere, ich analysiere, ich stelle Fragen in den Raum ..."

„Da lassen wir sie am besten auch erst mal stehen", sagte der Lokalredakteur. „Ich habe jedenfalls ein bisschen in unserem Archiv gekramt."

„Na also!"

„Walter Hansen hat die Möbelfabrik vor etwas mehr als zehn Jahren von seinem Vater übernommen. Ein sauberer Fall von regulärer Nachfolge. Der alte Hansen, übrigens seit beinahe drei Jahren tot, wollte wirklich abtreten. Wegen gesundheitlicher Probleme. Und irgendwelche Schwierigkeiten mit gehässigen oder eifersüchtigen Geschwistern gab es nach der Übernahme der Möbelfabrik durch seinen Sohn auch nicht. Walter Hansen war, ist und wird ein beneidenswertes Einzelkind bleiben."

Der Privatdetektiv warf ihm einen enttäuschten Blick zu. „Familie Mustermann", sagte er.

„So ähnlich. Eines ist aber nicht uninteressant. Seine Frau, Marianne Hansen, kommt, wie man hier im Odenwald zu sagen pflegt, aus gutem Hause ..."

„Jedes Odenwälder Haus ist ein gutes!", protestierte Bloch.

„... und hat wohl einiges in die Ehe mitgebracht. Das Geld konnte Hansen sicherlich gut gebrauchen, als er nach der Fabrikübernahme eine ganze Menge investieren musste, um die Produktpalette aufzufrischen. Der Firma ging es beim Abtreten des Alten nämlich nicht gerade blendend. Bauernmöbel einer bestimmten Art waren schon damals nicht mehr sonderlich gefragt. Auch im Odenwald nicht."

„Hansen hat also die Schweden kopiert?"

„Schlimmer noch", antwortete der Lokalredakteur. „Er hat inzwischen sogar einige Designerstücke im Programm."

„Und steht unter der Fuchtel seiner Frau?"

Finke nahm einen Schluck. „So krass würde ich das nicht ausdrücken. Aber er hat jedenfalls nicht unbedingt freie Hand beim Führen seines Ladens. Seine Gattin ist aktiv in der Fabrik tätig ..."

„Und anteilsmäßig?", fragte der Privatdetektiv.

„Hat sie auch etwas zu sagen. Sie hält, glaube ich, so um die dreißig Prozent an dem Unternehmen. Das nennt man wohl eine nicht ganz unbeachtliche Sperrminorität."

„Und der politische Mensch Walter Hansen? Irgendwelche illegalen Parteispenden, irgendwelche Bestechungsversuche?"

Finke lächelte. „Natürlich gehört er seit Jahren dem Höchster Stadtrat an. Den Sitz hat er quasi von Papa geerbt. Einer größeren Volkspartei wird er sicherlich auch die eine oder andere Spende zukommen lassen, aber von größeren Ambitionen ist mir nichts bekannt."

Bloch steckte sich seine letzte Zigarette an und bestellte dann bei der Bedienung zwei neue Päckchen. „Walter Hansen steht auf Fritjofs Liste auf Platz zwei", sagte er mit Nachdruck. „Gleich hinter Angelika Küster. Das kann meiner Meinung nach kein Zufall sein, oder?"

Der Lokalredakteur zuckte die Achseln. „Zugegeben, sieht schon ein bisschen komisch aus. Aber die Frage ist doch dann, wieso Sie so weit oben platziert sind. Gleich hinter dieser obskuren Tanja. Wissen Sie was? Darauf bin ich schon ein wenig neidisch. Mich hat dieser gemeine Fritjof einfach auf den letzten Platz gesetzt. Das werde ich ihm ewig übel nehmen."

Bloch winkte ab. „Wie steht doch in der Bibel geschrieben? Die Letzten werden die Ersten sein ..."

„Und die Ersten die Letzten", ergänzte Finke lachend.

„Außerdem kommt der Zahl Sieben eine mystische Bedeutung zu, das dürfen Sie nicht vergessen."

Finke holte sein Portemonnaie hervor. „Wird Zeit, dass wir zahlen."

„Das ist der Lauf der Dinge", erklärte Bloch mit trauriger Stimme. „Aber bevor Sie einen schwerwiegenden Spesenbetrug begehen, lassen Sie Ihr Geld lieber stecken." Er beglückte die Bedienung, die die Zeichen der Zeit prompt erkannte, mit einem strahlenden Lächeln. „Die Rechnung übernehme ich." Er rundete den Betrag großzügig auf. „Und geben Sie mir bitte eine Quittung."

Als sie aus der schummerigen Pilsstube ins Helle hinaustraten, blinzelte Bloch heftig. „Sie haben mir womöglich sehr geholfen", sagte er zum Abschied.

„Sind Sie da ganz sicher?" Finke ging zu seinem nur wenige Schritte entfernten Wagen.

„Man darf die Hoffnung nie aufgeben!", rief ihm der berühmte Privatdetektiv aus Heubach nach. Dann machte er sich auf die Suche nach seinem Auto. Und wurde schon nach zehn Minuten fündig.

Kapitel 6

Heimatforschung

Nachdem Susanne drei Passanten in der Michelstädter Altstadt nach der Eulengasse gefragt hatte, war sie auch nicht viel klüger als zuvor. Denn der etwas schnippische junge Mann und die beiden älteren Damen, die sie nacheinander um Auskunft gebeten hatte, schickten sie in drei verschiedene Richtungen. So bekam die Assistentin des Heubacher Privatdetektivs zwar nach langer Zeit wieder einmal zahlreiche renovierte Fachwerkhäuser im Altstadtkern zu Gesicht – auf die Eulengasse aber stieß sie bei ihrem ausgedehnten Spaziergang nicht.

Entnervt setzte sie sich auf eine in dezentem Braun gehaltene Holzbank, die man freundlicherweise für ermüdete Touristen und schwatzhafte Rentner aufgestellt hatte. Sie zündete sich eine Zigarette an und streckte die Beine aus. Ihr Blick schweifte über diesen Teil der engen Fußgängerzone, auf der Suche nach einem Schaukasten mit Stadtplan oder einer anderen Orientierungshilfe. Vergeblich.

„Entschuldigung, junges Fräulein", hörte sie eine gedämpfte Stimme neben sich sagen. „Ist hier noch frei?"

Susanne nickte, murmelte ein kaum hörbares „Aber sicher" und rückte ein Stück zur Seite. Aus den Augenwinkeln beobachtete sie, wie sich ein gut fünfzigjähriger Mann in schwarzen Hosen und beiger Blousonjacke neben sie setzte. Sein mittelbraunes, noch recht fülliges Haar war ordentlich gescheitelt, sein aufdringliches Rasierwasser musste direkt bei einem ausgewachsenen Moschusochsen abgezapft worden sein. Der Zigarettenrauch hatte gegen diesen penetranten Geruch nicht den Hauch einer Chance.

„Schöner Tag heute, nicht?" Ihr netter Nachbar schlug die Beine übereinander und lehnte sich entspannt zurück. Die strahlend weißen Socken, die bei diesem eleganten Manöver zum Vorschein kamen, bestätigten jedes Vorurteil. Aus der kleinen Seitentasche seiner Jacke zauberte er ein Päckchen Zigaretten hervor.

Wenigstens trägt er kein Goldkettchen, dachte Susanne. Oder es ist gerade zur Reparatur beim Juwelier.

„Hätten Sie vielleicht mal Feuer, junges Fräulein?", säuselte er. Er hatte sich lächelnd zu ihr umgedreht und versuchte, ihre Augen zu fixieren.

Susanne musste wohl oder übel aufstehen, um ihr Feuerzeug aus der Hosentasche ihrer stramm sitzenden Jeans zu ziehen. Ihrem Banknachbarn schien diese Vorführung ausgezeichnet zu gefallen, sein Blick ruhte mit sichtlichem Vergnügen auf ihren Beinen. Sie reichte ihm das Feuerzeug und setzte sich wieder, dieses Mal ziemlich weit an den Rand der Holzbank.

„Zu freundlich", bedankte er sich. Ob Ungeschick, Zufall oder durchsichtige Taktik – jedenfalls rutschte ihm prompt das Feuerzeug aus der fleischigen Hand und purzelte über die Bank zu Boden. „Oh, das tut mir aber Leid", sagte er und beugte sich langsam nach unten. Dabei verringerte er den Abstand zu Susanne beträchtlich.

„Sie suchen an der falschen Stelle", sagte sie und deutete auf die andere Seite der Bank. „Dort unten liegt es."

„Hmm. Danke."

„Sie könnten mir einen großen Gefallen tun", sagte Susanne. Er reckte den Kopf. „Ja?"

„Kennen Sie sich hier in der Altstadt aus? Wissen Sie zufällig, wo ich die Eulengasse finden kann?"

Nachdem er sich seine Zigarette angezündet hatte, gab er ihr lächelnd das Feuerzeug zurück. „Kein Problem. Ich zeige es Ihnen gern."

Susanne erhob sich. „Eine zuverlässige Beschreibung würde mir schon reichen."

Er war ebenfalls aufgestanden und zog seine Jacke über den Hosenbund. Kleiner wurde sein Bauch dadurch auch nicht. „Tja, das ist ziemlich schwer zu erklären. Jemand, der sich hier nicht auskennt ..."

„Versuchen Sie es doch einfach", forderte ihn Susanne auf.

„Also, sehen Sie die Apotheke dort vorn?"

„Die an der Ecke?"

„Ja. Dort biegen Sie nach links ab. Sie gehen ungefähr dreißig, vierzig Meter weiter. Dabei kommen Sie an der Valentinsgasse vorbei – die ist es nicht. Aber die nächste Abzweigung nach rechts, das ist die Eulengasse."

Sie nickte.

„Soll ich nicht vielleicht doch mitkommen? Zur Sicherheit?"

Susanne hatte sich schon in Richtung Apotheke umgedreht. „Nicht nötig", sagte sie. „Und vielen Dank."

„Keine Ursache. War mir ein Vergnügen." Die Enttäuschung in seiner Stimme war unüberhörbar.

Aber eines musste man dem verhinderten Wüstling schon lassen: Seine Beschreibung war wenigstens zutreffend. Vor dem schmalen, sich scheinbar zwischen den beiden größeren Nebengebäuden duckenden Haus mit der Nummer 11 suchte Susanne nach einem Namensschild. An der dunkelgrünen

Zeitungsröhre entdeckte sie schließlich die schief aufgeklebten Buchstaben, die, langsam von links nach rechts gelesen, ein M. Haussmann ergaben. Der schwarze Klingelknopf befand sich direkt unter der Röhre.

Als Susanne ihn drückte, fuhr ihr der Schrecken in die Glieder. Von diesem durchdringenden Geräusch mussten sich zahlreiche Nachbarn in den Häusern der näheren Umgebung angesprochen fühlen. Verdattert ging sie einen Schritt zurück und wartete. Im Obergeschoss des rechten Nachbarhauses wurde eine hübsche Häkelgardine vorsichtig zur Seite geschoben. Links von Susanne verstummte mit einem Mal ein zuvor noch munter plärrendes Radio.

Sie drückte ein zweites Mal auf den Klingelknopf. Ihr Blick war starr auf die grau gestrichene Haustür gerichtet, so dass sie zunächst gar nicht bemerkte, dass über ihr ein Fenster geöffnet wurde.

„Ja, bitte?"

Sie trat ein Stück zurück und schaute nach oben. Das gerötete Gesicht eines älteren Mannes machte nicht den freundlichsten Eindruck. Er musterte die ungebetene Besucherin argwöhnisch.

„Herr Haussmann? Maximilian Haussmann?"

Der alte Mann deutete ein Nicken an. „Worum geht es?"

„Ich müsste Sie mal in einer privaten Angelegenheit sprechen."

„Nix da. Ich kaufe keine Zeitschriften, keine Postkarten, keine Wäscheklammern und auch keine Seife." Der Arme musste einschlägige Erfahrungen gemacht haben.

„Keine Sorge." Susanne versuchte, möglichst harmlos zu lächeln. „Es geht um Holger Fritjof. Sie wissen schon, der Mann im Felsenmeer."

„Psst!" Sein unruhiger Blick richtete sich kurz auf das gegenüberliegende Haus. „Ich komme ja schon runter."

Susanne nickte dankbar. Komische Aufführungen auf Freilichtbühnen wie der entzückenden hier waren ihr schon immer zuwider gewesen. Das abrupte Ende der interessanten Unterhaltung veranlasste keinen der zufällig anwesenden Nachbarn, seinen Wachposten zu verlassen. Susanne musste grinsen, als sie das aufgeregte Flattern der Häkelgardine bemerkte.

Ein großer, auffallend schlanker Mann mit kurzem grauem Haar öffnete ihr die gleichfarbige Haustür. Sein Gesicht war noch immer stark gerötet, es musste sich um dessen Normalzustand handeln. „Sind Sie von der Kriminalpolizei?", flüsterte er, um den ringsum aufgestellten Richtmikrofonen ein Schnippchen zu schlagen.

Susanne schüttelte den Kopf. „Aber ich müsste Sie unbedingt sprechen. Kann ich vielleicht kurz reinkommen?" Sie deutete mit dem Kopf nach hinten. „Hier draußen ist es ein bisschen ungünstig."

„Hmm." Er zögerte einen Augenblick, dann durfte sie den schmalen, aber erstaunlich langen Flur betreten. Eine gerahmte Landkarte, einige alte Stiche und ein an der Stirnseite lauernder Uhu ließen die dekorative Blümchentapete nicht voll zur Geltung kommen. Maximilian Haussmann führte sie in das Wohnzimmer, das von einem ockerfarbenen Samtsofa beherrscht wurde. Auch hier war an den Wänden kaum noch ein freier Platz, überall hingen Landschaftsfotos und faksimilierte Urkunden in den verschiedensten Formaten.

„Bitte." Er deutete auf das Sofa und nahm ihr gegenüber in einem Stuhl mit hoher Lehne Platz. Susanne versank ein wenig in Samt und Schaumstoff. Sie nannte ihren Namen und stellte sich als Assistentin des Heubacher Privatdetektivs vor.

„Tobias Bloch", murmelte der Alte. „Den Namen habe ich schon irgendwo gehört oder gelesen."

„Mein Chef steht auch auf dieser mysteriösen Liste von Herrn Fritjof", erklärte Susanne. Damit hatte sie – völlig unbeabsichtigt – das Startsignal zu einem längeren Monolog gegeben.

„Komisch, komisch, das Ganze", sagte Maximilian Haussmann. „Die Kriminalpolizei war hier, fragt mich nach diesem Fritjof, nach dem Mord im Felsenmeer. Sie zeigen mir die Liste dieses Mannes." Er deutete auf den Sekretär neben der Bücherwand. „Dort habe ich eine Fotokopie davon. Komisch, komisch. Ich stehe auch darauf, obwohl ich den Mann, diesen Fritjof, überhaupt nicht kannte. Habe ihn nie gesehen, nie mit ihm gesprochen, nie mit ihm korrespondiert." Er wiegte den Kopf. „Das habe ich alles der Kriminalpolizei gesagt, dieser Kommissarin und ihrem Assistenten. ‚Ja, Herr Haussmann, wie kommen Sie denn dann auf die Liste des Toten?', hat die Kriminalpolizistin gefragt. Weiß ich doch nicht, keine Ahnung. Wollen die mich etwa dieses Mordes verdächtigen? Das ist doch lächerlich. Wieso sollte ich ihn denn umbringen, wenn ich ihn nicht einmal kannte?"

Susanne sah kurzzeitig eine Chance einzuhaken, wurde aber gleich eines Besseren belehrt.

„Verstehe ja, dass die Kriminalpolizei alle Personen auf der Liste überprüfen muss. Sicher, die tun nur ihre Pflicht. Aber dann ist es auch gut, oder? Ich habe meine Aussage gemacht, ich unterschreibe jedes Protokoll. Dann ist es aber auch gut, oder? Glauben die mir etwa nicht? Glauben die, ich, Maximilian Haussmann, würde sie belügen? Ist doch lächerlich.

Habe ich doch gar nicht nötig. Ich habe nichts zu verbergen, verstehen Sie? Aber die fragen und fragen, immer wieder das Gleiche. Nicht sehr professionell, wenn Sie meine bescheidene Meinung dazu hören wollen. Meine Aussage steht, daran gibt es nicht das Geringste zu deuteln. Nicht das Geringste."

Glücklicherweise musste er nun tief Luft holen nach dem ganzen Sauerstoffverbrauch. „Kennen Sie vielleicht eine der anderen Personen auf der Liste?", fragte Susanne.

Seine graugrünen Augen funkelten. „Haben die natürlich auch gefragt. Endlich mal etwas anderes. Endlich mal etwas Konkretes. Ja, sicher, habe ich gesagt. Diese Frau, diese Italienerin, die kenne ich. Na ja, kennen ist zu viel gesagt. Ich war ein paarmal in ihrer Buchhandlung. Ist ja hier ganz in der Nähe. Aber das gehört der Vergangenheit an, das können Sie mir glauben. Keinen Schritt tue ich mehr über diese Schwelle. Arrogantes Weib, diese Italienerin. Dabei habe ich sie doch nur sehr höflich gefragt, ob sie vielleicht … Aber nein, sie habe immer ein paar Standardwerke zu dem Thema in ihrem Laden. Mehr Platz sei nicht vorhanden. Lächerlich. Eine Buchhandlung in Michelstadt, im Herzen des Odenwaldes, hat angeblich keinen Platz für meine Heimatforschungen!"

Susanne nickte mitfühlend, obwohl sie nicht ganz sicher war, wovon ihr redseliger Gesprächspartner tatsächlich sprach.

„‚Gut, gnädige Frau', habe ich da gesagt. ‚Macht nichts, macht gar nichts. Wenn Sie nicht wollen, bitte schön, dann gehe ich eben zur Konkurrenz. Dort werde ich mit offenen Armen empfangen, die wissen noch zu schätzen, was in eine gute Buchhandlung gehört und was nicht.'" Er fixierte Susanne. „Und ob Sie es glauben oder nicht, die haben schon eine ganze Menge von meinen Büchern verkauft. Ist doch kein Wunder, oder? Sind doch interessante Themen. Geschichte, Heimatforschung und Sagen." Er lehnte sich zurück. „Bei meinem letzten Besuch vor wenigen Tagen waren immerhin schon 127 Exemplare von Band I verkauft. Und 73 von Band II. Na ja, der kam auch später heraus. Ist das nichts?"

Maximilian Haussmann lächelte versonnen. „Und das ist noch nicht das Ende der Fahnenstange, das kann ich Ihnen sagen. Wenn die die beiden Bücher endlich mal wieder ins Schaufenster stellen würden, dann ginge es sofort nach oben mit den Verkaufszahlen. Muss unbedingt mal wieder bei denen vorbeischauen und ihnen das erklären. Der alte Chef ist ja sehr verständnisvoll, ganz bestimmt, aber er hat anscheinend nicht mehr viel zu sagen. Denn wenn es nach dem ginge, würden die Bände ständig im Fenster zu sehen sein. Aber das junge Gemüse, seine Tochter und diese zickige Angestellte, die gucken immer so komisch, wenn ich in den Laden komme. Sie glauben zwar, ich merke das nicht. Pustekuchen! Ich weiß genau, wie der Hase läuft. Dabei bin ich doch ein guter Kunde! Ich kaufe sofort jede Neuerscheinung über den Odenwald und seine Geschichte. Auch die teuren Bildbände, jawohl! Obwohl ich das alles genauestens kenne. Ich bräuchte die Hochglanzfotos mit strahlend blauem Himmel gar nicht. Aber meine Sammlung, Sie versehen. Die muss vollständig sein, da darf nichts fehlen."

Er erhob sich und ging zu der Bücherwand. „Kommen Sie nur, kommen Sie! Das müssen Sie gesehen haben. Hier oben, die ersten drei Reihen. Alle diese Veröffentlichungen stammen noch aus der Zeit vor dem Krieg. Und dann geht es hier unten weiter. Nach dem Krieg ist natürlich allmählich sehr viel mehr erschienen. Die Leute hatten mehr Papier, mehr Geld, mehr Zeit. Sehen Sie sich das nur an, stand sogar schon mal alles in der Zeitung. Mit zwei Fotos! Von der Bücherwand und von mir. Wollen Sie den Ausschnitt sehen?"

Nachdem sie die halbseitige Reportage in einem Lokalblatt ausgiebig gewürdigt hatte, kam Susanne noch einmal auf den eigentlichen Anlass ihres Besuches zu sprechen. „Außer Frau Tarricone, der Buchhändlerin, ist Ihnen niemand auf der Liste bekannt?"

„Nein, beim besten Willen nicht." Er blinzelte müde. Der vorangegangene, nur kurz unterbrochene Monolog war auch an ihm nicht spurlos vorübergegangen. Blochs Assistentin hatte einige Schwierigkeiten, sich aus dem Samtsofa zu erheben. „Na dann, vielen Dank, Herr Haussmann." Er nickte. In ein, zwei Minuten würde er wahrscheinlich bereits eingeschlafen sein. „Auf Wiedersehen, Herr Haussmann!" Sie ging an seinem Stuhl vorbei zur Wohnzimmertür.

„Wiedersehen", antwortete er matt.

Als Susanne durch die graue Haustür ins Freie trat, atmete sie erst einmal tief durch. Das Schließen der Tür war in der unmittelbaren Nachbarschaft selbstverständlich nicht unbemerkt geblieben. Susanne sah, wie direkt gegenüber von ihr an einem Fenster des Erdgeschosses die Zimmerpflanzen hingebungsvoll gegossen wurden.

Hoffentlich wird dein Teppich auch schön nass, dachte sie. Und weil sie ein höflicher Mensch war, gab sie ein deutlich vernehmbares „Auf Wiedersehen!" von sich, das an alle betroffenen Nachbarn gerichtet war.

Abgekämpft und leicht frustriert verließ sie die Eulengasse und kehrte zurück in das Zentrum der Michelstädter Altstadt, das für sie nun jeden Reiz verloren hatte. Beinahe wäre sie von einem Inlineskater gerammt worden, der unerwartet aus einer Seitenstraße herausschoss. Aber der geistesgegenwärtige Junge, der wohl schon einige Erfahrungen mit lahmenden oder schwerhörigen Rentnern gesammelt hatte, wich der stumpfsinnig vor sich hin latschenden Susanne noch rechtzeitig aus. „Mensch, kannste nicht aufpassen, Alte!" war sein treffender Kommentar.

Susanne sah ihm teilnahmslos nach. Sie war drauf und dran, zu ihrem Auto auf dem Großparkplatz außerhalb der Altstadt zurückzukehren. Vor einem Café am Rande der Fußgängerzone blieb sie unentschlossen stehen. Sie schaute durch die Scheibe ins Innere. Um diese Zeit hatte sich schätzungsweise mindestens die Hälfte der Michelstädter Damenwelt jenseits der sechzig an ihren strategischen Treffpunkten eingefunden. Und dieses Café musste ein bevorzugter Sammelplatz sein. Obwohl Susanne hungrig und durstig war, verzichtete sie darauf, sich in das Getümmel und Getratsche zu stürzen.

Aber einfach so abschwirren, ohne jedes konkrete Ergebnis, ohne den geringsten Anhaltspunkt? Das konnte sie ihrem Chef nicht antun. Sie straffte sich, stieß einen energischen Seufzer aus und machte auf der Stelle kehrt. In der gleichen Straße, nur knapp hundert Meter entfernt, ergatterte sie in einem kleinen, eher rustikal eingerichteten Bistro einen freien Tisch.

Es dauerte, bis der überarbeitet aussehende Kellner den neuen Gast bemerkt hatte.

„Ein Mineralwasser, einen Kaffee und einen Weinbrand. Und die Speisekarte, bitte."

Der Kellner nickte gleichmütig. „Kännchen oder Tasse?"

„Tasse."

Er beugte sich zum Nachbartisch hinüber und griff nach der dort aufgestellten Karte. „Bitte sehr."

Das prickelnde Wasser erweckte ihre Lebensgeister. Und der Weinbrand tat ein Übriges. Nur der Kaffee schmeckte scheußlich, da konnte auch noch so viel Sahne nichts mehr retten. Mit Heißhunger machte sie sich über einen großen Salatteller mit Schinken und Käse her. Sie bezahlte und ließ sich eine Quittung geben. „Können Sie mir sagen, wo ich die Buchhandlung Tarricone finde?", fragte sie den Kellner, als er ihr den Beleg reichte.

„Wenn Sie hinausgehen, halten Sie sich rechts. In der dritten Straße links befindet sich der Laden."

„Aha. Vielen Dank." Der Mann war sein Trinkgeld wert.

Die Assistentin des berühmten Privatdetektivs aus Heubach wählte dieses Mal den indirekten Weg. Bevor sie in der erfreulich großen und gut sortierten Buchhandlung auf ihr eigentliches Anliegen zu sprechen kam, nahm sie sich zunächst die Zeit, ausgiebig in den Regalen und an den Drehständern zu stöbern. Dabei dachte sie weiß Gott nicht nur an sich. Nach einer Weile stellte Susanne den kleinen Stapel von ihr ausgewählter Taschenbücher an einem freien Platz am Rande der Theke ab. Als der Buchhändler nach dem obersten Titel griff, unterbrach sie sein Tun auf der Stelle.

„Die Bücher bezahle ich später", sagte sie. „Vorher hätte ich noch eine Frage …"

„Ja, bitte?" Der aus Susannes Sicht noch sehr junge Mann mit dem beeindruckenden Pferdeschwanz schenkte ihr ein ziemlich verständnisloses Lächeln.

„Könnte ich wohl mit Frau Tarricone sprechen?"

Er legte das Buch auf den Stapel zurück. „Aber sicher. Einen kleinen Moment, ich werde ihr Bescheid sagen." Susanne heftete sich an seine Fersen. „Ich komme am besten gleich mit", sagte sie zu seinem breiten Rücken. „Denn was ich mit Frau Tarricone zu besprechen habe ..." Er bremste abrupt, drehte sich um und warf ihr einen argwöhnischen Blick zu. „Wie Sie meinen."

Am hinteren Ende des Ladens, an dem in den Regalen Reiseführer und Kochbücher standen, ging der Buchhändler durch eine offen stehende Tür. Susanne wartete anstandshalber zwei Meter davor auf seine Rückkehr. „Franca, da möchte dich jemand sprechen", hörte sie ihn sagen. Das Quietschen eines Drehstuhls ließ Susanne zusammenzucken. „Kannst du das nicht erledigen?", fragte eine genervt klingende Frauenstimme. „Du siehst doch, ich habe noch jede Menge zu tun." Der Buchhändler verneinte. „Es ist, glaube ich, privat", erklärte er. „Ach so!", antwortete die Frau. „Gut, ich komme sofort."

An der Tür wäre es beinahe zu einem folgenschweren Zusammenstoß gekommen, doch der junge Mann verfügte über ausgezeichnete Reflexe und wich Susanne im letzten Moment aus. Sein entzückender Pferdeschwanz hüpfte auf und ab.

„Entschuldigung." Susanne betrat den Raum, an dessen Wänden gleichfalls Bücherregale aufgestellt waren. „Frau Tarricone? Könnte ich Sie unter vier Augen sprechen?"

Die etwa vierzig Jahre alte Buchhändlerin mit dem kurzen flachsblonden Haar setzte ein geschäftsmäßiges Lächeln auf. „Schließen Sie bitte die Tür." Dann bot sie Susanne einen Stuhl an und fixierte ihre Besucherin. „Worum geht es denn? Sie machen es ja furchtbar spannend."

„Das war nicht meine Absicht. Ich wollte nur vermeiden, dass ich das Thema direkt im Laden vor allen Leuten ansprechen muss."

Franca Tarricone verzog das Gesicht. „Verstehe", murmelte sie. „Es geht also um diese scheußliche Sache, diesen Mord?"

Susanne nickte. „Ja, leider." Sie nannte ihren Namen und stellte sich als Assistentin des Heubacher Privatdetektivs vor.

„Tobias Bloch?" Die Buchhändlerin runzelte die Stirn.

„Mein Chef steht ebenfalls auf der Liste, die man bei dem Ermordeten gefunden hat." Susanne zögerte kurz. „Kannten Sie Holger Fritjof?"

Die Frau in dem schwarzen Seidenkostüm nickte. „Ja, sicher. Er hat mit mir hier in der Buchhandlung gesprochen. Allerdings haben wir uns erst nach Angelikas Tod getroffen. Sie wissen ja wahrscheinlich, dass sie bei einem schrecklichen Unfall ums Leben gekommen ist", fügte sie mit leiser Stimme hinzu.

Susanne bejahte. „Weshalb hat Fritjof Sie aufgesucht?"

„Das lag doch nahe", antwortete die Buchhändlerin. Seit der Erwähnung von Angelika Küsters Unfall war ihre vorherige Selbstsicherheit merklich geschwunden. Nervös klopfte sie mit ihrem rechten Zeigefinger auf die Schreibtischunterlage. „Er wusste, dass ich mit Angelika lange Jahre befreundet war." Sie zog die oberste Schublade des Schreibtisches auf, fingerte nach einem Papiertaschentuch und schnäuzte sich geräuschvoll. „Entschuldigen Sie, jedesmal wenn ich darauf zu sprechen komme ..."

„Schon gut. Ich kann das verstehen", sagte Susanne, obwohl sie nicht sicher war, ob sie wirklich verstand, worum es ging.

„Holger Fritjof hat nicht an einen simplen Unfall geglaubt", fuhr Franca Tarricone fort. Sie lachte bitter. „Was heißt schon simpel? Ein fürchterliches Wort!"

„Hatte er einen bestimmten Verdacht?"

„O ja, den hatte er." Ihre Gesichtszüge verhärteten sich. „Er war sich ziemlich sicher, dass an der ganzen Sache etwas faul war. Nun gut, er war vor einiger Zeit mit Angelika liiert. Das mag seinen Blick getrübt haben." Sie beugte sich langsam vor und stützte sich mit den Ellenbogen auf dem Tisch ab. „Ich konnte sein Misstrauen und seine Erregung sehr gut nachvollziehen. Aber ich konnte ihm leider nicht weiterhelfen."

Susanne nahm aus ihrer Tasche ein Zigarettenpäckchen heraus. „Darf ich rauchen?"

„Nur wenn Sie mir auch eine anbieten." Die Buchhändlerin lächelte für einen Augenblick. „Ich will es mir zwar schon seit einer Ewigkeit abgewöhnen. Aber in solchen Momenten ist alles zu spät." Sie erhob sich. „Den Aschenbecher habe ich im Regal versteckt. Damit ich ihn nicht dauernd ansehen muss."

Nachdem sich beide eine Zigarette angezündet hatten, fragte Susanne vorsichtig: „Hat Holger Fritjof eine bestimmte Person verdächtigt?"

„Ja." Die Buchhändlerin blies den Rauch zur Decke. „Er wusste, dass Angelika nach der Beziehung zu ihm ein Verhältnis mit ihrem früheren Chef hatte. Das heißt, sie traf sich mit diesem Herrn auch schon zu der Zeit, als sie noch in seiner Firma arbeitete." Sie seufzte. „O Gott! Es ist doch gar nicht so schwer zu erklären!"

Susanne lächelte. „Scheinbar doch. Bei diesem verworrenen Liebesleben."

„War es doch gar nicht." Die Buchhändlerin zog an ihrer Zigarette. „Das ging alles hübsch der Reihe nach. Denn Angelika war, entschuldigen Sie, dass ich mir diese dumme Bemerkung nicht verkneifen kann, eine ordentliche Frau.

Nicht nur in dieser Hinsicht. Also, zunächst war sie mit besagtem Fritjof zusammen. Das ging auch eine ganze Zeit lang sehr gut. So hat sie es mir gegenüber jedenfalls dargestellt. Aber dann war irgendwie der Wurm drin. Ich kann Ihnen auch nicht genau sagen, woran es lag. Jedenfalls herrschte plötzlich absolute Funkstille. Sie erwähnte Fritjofs Namen mit einem Mal nicht mehr."

„Haben Sie sich darüber nicht gewundert? Haben Sie – als Angelikas Freundin – nicht nach den Gründen gefragt?"

Franca Tarricone streifte die Asche ihrer Zigarette ab. „Ich bin für gewöhnlich ein höflicher Mensch. Und ich merke sehr genau, wenn mir jemand etwas nicht sagen will. Dann halte ich eben auch den Mund und übergehe dieses Thema. So einfach ist das."

„Schon klar." Susanne ihrerseits merkte sehr genau, wenn man ihre Frage partout nicht beantworten wollte.

„Jedenfalls kam dann nach einiger Zeit der Frustration ein neuer Herr daher. Wie schon erwähnt, ihr damaliger Chef. Vielleicht sagt Ihnen der Name etwas." Sie klopfte sich an die Stirn. „Herrje, natürlich sagt er Ihnen etwas. Steht doch auch auf dieser komischen Liste!"

Susanne schüttelte ratlos den Kopf.

„Angelika hatte ein Verhältnis mit Walter Hansen. Sie wissen schon, dieser Möbelfabrikant aus Höchst."

„Und das sagen Sie mir erst jetzt?" Die Assistentin des Privatdetektivs stöhnte.

Franca Tarricone verschränkte beleidigt die Arme vor der Brust. „Ich wollte eben alles der Reihe nach erklären", sagte sie mürrisch. „Und außerdem haben Sie mich ständig mit Ihren Fragen unterbrochen. Da kann man ja keinen klaren Gedanken mehr fassen!" Um sie zu beruhigen, bot Susanne ihr eine zweite Zigarette an. Die Buchhändlerin mochte zwar über die Kritik an ihrem erzählerischen Talent erbost sein, dennoch nahm sie das Angebot eher beiläufig an. „Wenn Sie wollen, könnte ich jetzt fortfahren", sagte sie pikiert. „Aber wenn Ihnen das alles zu umständlich ist ..."

„Nein, nein. Erzählen Sie bitte weiter."

„Also schön. Angelika und Walter. Nach ihrer Schilderung eine wahre Romanze. Allerdings konnte das Feuer nur im Stillen entfacht werden. Der Herr Unternehmer ist ja nebenbei auch noch verheiratet."

Susanne nickte. „Ich hatte bereits das Vergnügen, seine Frau kennen zu lernen. Er selbst war bei meinem Besuch leider nicht in der Möbelfabrik."

„Und?", fragte die italienische Buchhändlerin interessiert. „Kann man das Verhalten des Mannes verstehen? Ist sie eine Schreckschraube, diese Frau Hansen?"

„Auf mich machte sie einen ganz passablen Eindruck. Aber ich weiß natürlich nicht, wie es hinter den Kulissen aussieht."

„Jedenfalls hat sich diese Affäre über einen längeren Zeitraum hingezogen. Selbst nachdem Angelika die Möbelfabrik verlassen hatte. Sie werden ja inzwischen wissen, dass sie sich selbstständig gemacht hat, mit dem Spielzeuggeschäft." In ihren Augen tauchte erneut ein Anflug von Sentimentalität auf. „Sie hat sich damit einen Lebenstraum erfüllt."

„Hat Walter Hansen ihr bei dieser Unternehmung unter die Arme gegriffen?", fragte Susanne.

„Natürlich!" Die Buchhändlerin schnippte die Asche elegant in das Glasschälchen. „Von ihren Rücklagen hätte sie das sicherlich nicht so ohne weiteres bewerkstelligen können. Und außerdem war sie ja eine sehr ordentliche und vorsichtige Frau ..."

Susanne kratzte sich einigermaßen dezent am Hinterkopf. „Aber wieso hat Fritjof dann Walter Hansen verdächtigt? Wenn alles augenscheinlich in Butter war?"

„War es doch zum Zeitpunkt des Unfalls überhaupt nicht mehr", antwortete Franca Tarricone. „Die beiden hatten sich getrennt. Zumindest vorübergehend. Man weiß bei diesen Geschichten ja nie, ob sie wirklich zu Ende sind. Aber es sah, zumindest aus meiner Sicht und nach dem, was Angelika mir darüber sagte, stark danach aus."

„Wurde Hansen die Sache zu gefährlich? Hatte seine Frau vielleicht Wind davon bekommen?"

Die Buchhändlerin zuckte die Achseln. „Keine Ahnung. Angelika hat jedenfalls nichts in dieser Richtung angedeutet. Nein, sie konnte diesen Schwebezustand einfach nicht mehr ertragen. Sie wollte, dass Hansen endlich eine Entscheidung trifft."

„Und das hat er nicht getan?", fragte Susanne. Es klang mehr nach einer Feststellung.

„Ja. Und deshalb hat Angelika von sich aus die Konsequenzen gezogen. Hat sie jedenfalls immer behauptet."

„Um Hansen unter Druck zu setzen? Um ihn zur Umkehr zu bewegen?"

Franca Tarricone lächelte vielsagend. „Liebesentzug kann manchmal sehr wirkungsvoll sein."

„Um noch mal auf Holger Fritjof zu kommen", begann Susanne. „Hatte er irgendwelche konkreten Beweise gegen Hansen? Hatte er Hinweise darauf, dass es kein gewöhnlicher Autounfall war?"

„Nein. Mir hat er jedenfalls nichts in dieser Hinsicht gesagt. Aber er war trotz allem felsenfest davon überzeugt, dass Hansen bei Angelikas Unfall die Finger im Spiel hatte. Er war sich seiner Sache absolut sicher."

Susanne runzelte die Stirn. „Verstehe ich nicht ganz", sagte sie nachdenklich. „Wenn die Situation zwischen Walter Hansen und Frau Küster so war, wie Sie sie eben geschildert haben, hatte er doch überhaupt keinen Grund, sie zu töten. Sie hat ihn nicht unter Druck gesetzt, sie hat ihn nicht erpresst, sie hat seine Frau nicht eingeweiht ..."

„Das behaupten Sie!", warf die Buchhändlerin ein.

Susanne schüttelte den Kopf. „Ich behaupte gar nichts. Ich versuche nur, einige Schlüsse aus dem zu ziehen, was wir zu wissen glauben."

„Schon besser. Es wäre wohl angebracht, dass Sie sich mal mit Herrn Hansen über dieses Thema unterhalten. Und zwar ausführlich. Ich jedenfalls habe Ihnen alles gesagt, was ich weiß." Sie erhob sich. „Wird Zeit, dass ich mich mal wieder in meinem Laden blicken lasse. Sie verstehen doch ..."

„Sicher." Susanne stand ebenfalls auf. „Eine Frage hätte ich noch: Haben Sie das alles auch der Polizei erzählt? Das mit Angelika und ihren beiden Männern?"

„Hätte ich es etwa verschweigen sollen?" In ihrer Stimme schwang ein Hauch von ehrlicher Empörung mit.

„Nein, natürlich nicht. Nur hat die Polizei jetzt leider einen kleinen Vorsprung."

Franca Tarricone lachte. „Wenn ich allerdings gewusst hätte, dass Sie und Ihr Herr Bloch sich der Sache annehmen würden, wäre ich gegenüber Frau Hagedorn und ihrem Assistenten vielleicht etwas zurückhaltender gewesen." Sie ließ Susanne den Vortritt. „Aber nur vielleicht."

Kapitel 7

Rumpsteak

Tobias Bloch spülte in der Küche das Geschirr des Frühstücks ab, aufmerksam beobachtet von seiner dreifarbigen Katze, die es sich auf der Ablage links von der Spüle bequem gemacht hatte. Das Geräusch an der Haustür ließ Muzel aufhorchen. Mit einem eleganten Satz verabschiedete sie sich von dem eifrigen Spüler und flitzte zur Tür.

„Weiber!", murmelte der Privatdetektiv. Er setzte seine Arbeit ungerührt fort und tat so, als habe er Susannes Ankunft überhaupt nicht bemerkt.

„So ist es brav!", lobte seine Assistentin ihn, als sie die Küche betrat.

Bloch sah kurz auf. „Ach, auch schon zurück? Das ist ja wunderbar." Er nahm ein Geschirrtuch vom Haken und begann mit dem Abtrocknen. Susanne schenkte sich ein Glas Mineralwasser ein und stürzte es in einem Zug hinunter. „Puh!" Ihre Augen tränten. Sie packte den Inhalt ihrer Tragetasche aus. „Hab dir auch was mitgebracht, Herr und Meister." Sie hielt ihm zwei Krimis unter die Nase. „Oder kennst du die schon?"

Er wischte sich die Hände an dem Tuch trocken und nahm die Bände entgegen. „Nein, das Vergnügen hatte ich noch nicht."

„Da habe ich ja Glück gehabt." Susanne setzte sich seufzend auf einen Küchenstuhl.

„Was hast du denn da noch?" Neugierig schaute er auf die beiden anderen Taschenbücher auf dem Tisch.

„Die sind für mich!" Susanne legte ihre rechte Hand auf die Bücher. „Wenn ich sie gelesen habe, kann ich sie dir ja mal ausleihen."

Bloch war es dennoch gelungen, die beiden Titel zu lesen. „Herzlichen Dank", sagte er und griff wieder nach dem Geschirrtuch. „Ich habe keine Lust, bis zum nächsten Jahr zu warten. Bis du auch nur eines der Bücher gelesen hast, habe ich mindestens zwei brisante Kriminalfälle aufgeklärt. Mindestens."

Sie lächelte gequält. „Blödmann! Seit meinem letzten Kurs in der Volkshochschule schaffe ich am Tag spielend dreißig Seiten. Und ich kann mir sogar den Inhalt merken."

„Für eine Grafikerin eine erstaunliche Leistung." Er stellte die Gläser und Teller in das Küchenbüfett. „So, jetzt muss ich nur noch die Küche kehren, dann habe ich meine hausmännlichen Pflichten für heute erledigt."

„Wird auch langsam Zeit", sagte Susanne. „Ich habe nämlich Hunger."

Er nahm den Besen aus dem Schrank und kehrte die Krümel, die Dreckbrocken und die Blätter, die die Katze ins Haus geschleppt hatte, sorgfältig zusammen. „Füße hoch!", rief er, als er Susannes Stuhl erreicht hatte.

Sie gehorchte dem berühmten Privatdetektiv aus Heubach und zog die Beine an. „In welches exquisite Restaurant führst du mich denn aus?", fragte sie lächelnd.

„Wie hätte es die Dame denn gern? Chinesisch, griechisch, spanisch, serbisch, kroatisch?" Er kehrte den Schmutz auf die Schippe und kippte ihn dann in den Treteimer unter der Spüle.

„Fehlt da nicht noch irgendetwas?", fragte Susanne.

Er räumte die Kehrutensilien in den Schrank zurück. „Wir können natürlich auch der einzigen Pizzeria von Heubach unsere Aufwartung machen."

Susanne nickte. „Das hört sich doch ganz vernünftig an."
„Eben." Er füllte Seelachshäppchen in den Napf. „Muzel, wo steckst du denn?"
„Als ich die Haustür geöffnet habe, ist sie ins Freie geflitzt. Schätze, sie macht einen kleinen Ausflug."
„Auch gut." Bloch ging in den Flur und beäugte sein Äußeres im Spiegel. „Von mir aus können wir."

In der Pizzeria Amalfi war an diesem Abend erfreulicherweise nicht sehr viel los. So konnte Bloch seine Assistentin zu seinem Lieblingstisch im hinteren Teil der Gaststätte führen, an dem man relativ ungestört war. Der Kellner reichte ihnen die Speisekarten und zündete dann die schlanke weiße Kerze an. Er warf Bloch einen wissenden Blick zu. „Wie immer?", fragte er lächelnd.

„Nicht ganz. Ich nehme erst mal ein Weizenbier. Kristallklar. Mit einer dicken Scheibe Zitrone."

„Und die Dame?"

Susanne bestellte eine Karaffe lieblichen Frascati. Obwohl er längst wusste, was er essen würde, blätterte Bloch in der Speisekarte.

„Du fragst überhaupt nicht danach, was ich heute alles erlebt habe", sagte Susanne, während sie die Fleischgerichte studierte.

„Mich fragt ja auch keiner." Er legte seine Karte beiseite und beugte sich ein wenig zu ihr vor. „Wenn ich dir einen Tipp geben darf", begann er verschwörerisch.

„Nur zu."

„Bestelle bloß kein Fleisch. Ich habe mir hier mal ein Rumpsteak vorsetzen lassen. Weiß auch nicht mehr, welcher Teufel mich da geritten hat. Es war jedenfalls grauenhaft."

„Und deshalb müssen deiner Meinung nach natürlich alle Fleischgerichte mies sein?", fragte sie skeptisch.

Er lehnte sich zurück und zündete sich eine Zigarette an. „Bitte sehr, ich wollte dich nur warnen. Pasta und Pizza, davon versteht der Koch etwas. Aber sonst ..."

Bloch verstummte, als sich der Kellner mit den Getränken näherte. Er schenkte Susanne aus der Karaffe ein Glas Frascati ein und stellte vor Bloch ein verführerisch schäumendes Weizenbier ab. „Haben Sie schon gewählt?", fragte er.

Susanne nickte. „Ich nehme ein Rumpsteak mit Kräuterbutter und Kroketten. Das Rumpsteak bitte medium. Ist da auch Salat dabei?"

„Selbstverständlich."

Bloch sah sie durchdringend an. „Das ist eine Provokation", murmelte er verdrossen.

„Wie bitte?" Der Kellner neigte den Kopf zur Seite.

„Für mich bitte eine Calzone und einen großen italienischen Salat. Ohne Tomaten." Als sich der Kellner entfernt hatte, schüttelte der Privatdetektiv verständnislos den Kopf. „Wie konntest du nur? Wo ich dich doch ausdrücklich darauf hingewiesen habe ..."

„Wenn es mir nicht schmeckt, können wir ja tauschen", antwortete seine Assistentin schnippisch. „Und jetzt, lieber Chef, würde ich dir gern von meinem Ausflug nach Michelstadt berichten. Bin da schließlich nicht zum Vergnügen hingefahren."

Bloch nahm einen Schluck Weizenbier. Im Eifer des Gefechts wäre ihm beinahe die Zitronenscheibe aus dem Glas gerutscht. „Deinem Geschenk nach zu urteilen, warst du auch bei dieser italienischen Buchhändlerin."

„Fantastische Kombinationsgabe. Aber mal im Ernst: Von Franca Tarricone habe ich eine interessante Information erhalten. Obwohl sie es ganz schön spannend gemacht hat."

Nachdem der Kellner die Teller abgeräumt hatte – das Rumpsteak hatte Susanne vorzüglich geschmeckt –, war Bloch mit dem nicht ganz unkomplizierten Liebesleben von Angelika Küster einigermaßen vertraut.

„Frau Hansens Verdacht war also doch nicht ganz unbegründet", sagte Susanne. „Er hat tatsächlich in fremden Revieren gewildert."

„Lernt man solche Ausdrücke in der Volkshochschule?"

„Du musst ganz still sein. Du hast bei deiner Beschattung doch nicht den geringsten Anhaltspunkt für Hansens Verhältnis mit Frau Küster gefunden." Susanne ließ sich die Eiskarte bringen.

„Erstens habe ich ihn nur eine einzige Woche lang observieren können, weil es der lieben Marianne sonst zu teuer geworden wäre. Und zweitens wissen wir beide nicht genug über die zeitlichen Abläufe. Kann doch gut möglich sein, dass sich die beiden damals noch gar nicht trafen. Oder dass sie ..."

Susanne winkte ab. „Das glaubst du doch selbst nicht. Frau Küster und Herr Hansen waren über einen sehr langen Zeitraum zusammen. Das habe ich dir doch erzählt. Erst als sie noch in der Möbelfabrik gearbeitet hat, und auch, nachdem sie den Spielzeugladen in Michelstadt eröffnet hat. Gib doch einfach zu, dass du Hansen nicht sorgfältig genug überwacht hast. Oder hast du ihn Tag und Nacht beschattet?"

Bloch gab dem Kellner ein Zeichen. „Manchmal reichen auch Stichproben aus. Außerdem ..."

„Ja?"

„... habe ich auch noch andere Verpflichtungen. Ich konnte Muzel doch nicht die ganze Zeit über allein lassen. Du weißt doch, wie sensibel sie ist."

Das Eintreffen des Kellners erlöste den bedrängten Privatdetektiv wenigstens vorübergehend. Susanne bestellte eine große Portion Vanilleeis mit heißen Himbeeren, Bloch ging nun zum gewohnten Pils über.

„Und immerhin ist es ja auch denkbar, dass sich die beiden mal eine Woche nicht gesehen haben", nahm er seine nicht sehr überzeugende Verteidigungsrede wieder auf. „Oder", er tippte sich grinsend an die Stirn, „oder die schöne Angelika hatte ihre Tage und verzichtete ..."

Susanne verzog das Gesicht. „Jetzt reicht es aber!" Sie löffelte eine Himbeere aus dem Kelch. „Jedenfalls wissen wir jetzt, dass Hansen gelogen hat, als er vorgab, Angelika Küster nicht zu kennen. Das ist doch auch schon mal etwas."

Bloch zündete sich an der inzwischen halb heruntergebrannten Kerze eine Zigarette an. „Und was ist mit seiner Frau? Die Frage ist doch: Hat sie auch von dem Verhältnis ihres Mannes gewusst oder war sie nach meinen sorgfältigen Recherchen beruhigt? Wenn sie dem flotten Walter auf die Schliche gekommen ist, hätte sie jedenfalls ein Motiv dafür gehabt, Angelika aus dem Weg zu räumen."

„Obwohl sich die beiden zu diesem Zeitpunkt schon getrennt hatten?"

„Was heißt denn bei so etwas schon Trennung?", widersprach Bloch. „Wie konnte Marianne Hansen sicher sein, dass die Sache wirklich endgültig erledigt war?"

„Immer vorausgesetzt, dass es nicht doch ein gewöhnlicher Autounfall war", gab Susanne zu bedenken. „Ich glaube, dieses Herumspekulieren bringt uns nicht viel weiter. Es gibt da schließlich eine ganze Menge Möglichkeiten."

Der Privatdetektiv nickte. „Eben. Das ist doch das Reizvolle. Nimm nur mal Fritjofs Ermordung. Wenn Angelikas früherer Bekannter tatsächlich Beweise gegen Frau oder Herrn Hansen in der Hand hatte, könnte dies seinen ungewöhnlichen Sprung ins Felsenmeer ganz gut erklären. Denk doch nur mal an Fritjofs Liste! Wer käme denn außer der Familie Hansen noch in Frage?"

„Wenn ich dich daran erinnern darf: Auf Platz zwei stand nur Walter Hansen. Von Marianne keine Spur", gab seine Assistentin zu bedenken. Sie schob sich die letzte Himbeere in den Mund.

„Das muss doch gar nichts heißen. Vielleicht benutzte Holger Fritjof den Namen als eine Art Sammelbegriff."

„Klingt nicht sehr überzeugend."

Bloch leerte sein Glas. „Warum müsst ihr Emanzen euch immer nur auf die Männer stürzen? Aber gut, dir zuliebe halten wir uns an die Originalfassung des Textes. Walter Hansen wäre ein ausgezeichneter Verdächtiger. Denn bei den anderen Herrschaften auf der Liste ist wenigstens bis jetzt kein Motiv erkennbar. Maximilian Haussmann, der berühmte Odenwälder Heimatforscher, hat auf dich doch wohl nicht den Eindruck eines blutrünstigen Mörders gemacht?"

Susanne nahm eine Zigarette aus der Packung. „Puh, bin ich voll gefressen!", stöhnte sie.

Bloch gab ihr Feuer. „Könnten wir uns etwas später deiner Verdauung widmen?"

„Schon gut. Ja, du hast Recht. Haussmann ist zwar für sich genommen ein schwerer Fall. Aber irgendeine Verbindung zu

Frau Küster ist nicht erkennbar. Fragt sich nur, wie er auf Fritjofs Liste gekommen ist."

Bloch bestellte ein neues Pils. „Willst du auch noch etwas?"

„Ein kleines Verdauungsschnäpschen wäre nicht schlecht."

„Amaretto, Kognak?"

„Amaretto ist doch höchstens eine Vorspeise!", protestierte Susanne.

Also bestellte Bloch zwei Kognaks. „Hab schließlich auch eine Menge zu verdauen", erklärte er seiner Assistentin. Dann knüpfte er an ihr vorheriges Gespräch an. „Gut, Haussmann können wir vorläufig abhaken. Torsten Finke, den rasenden Lokalreporter, halte ich auch nicht für besonders verdächtig. Er ist zwar ziemlich schlau und hat mir möglicherweise nicht alles erzählt, was er wirklich weiß, aber ich hatte bei unserem Gespräch eigentlich nicht das Gefühl, dass er irgendwelche Leichen im Keller versteckt hat."

„In seinem Fall ist auch relativ einfach zu erklären, wieso er auf der Liste stand", stimmte Susanne ihm ausnahmsweise zu. „Da er am Unfallort war, hatte Fritjof ein berechtigtes Interesse daran, ihn nach den Umständen von Angelikas Tod zu fragen."

Der Kellner brachte die Getränke. Nachdem sie an ihrem Glas genippt hatte, kam Susanne noch einmal auf die Michelstädter Buchhändlerin zu sprechen. „Franca Tarricones Rolle in der ganzen Geschichte ist mir noch nicht klar. Sie war eine gute Freundin von Angelika und wusste von deren Beziehungen zu Holger Fritjof und Walter Hansen. Insofern könnte sie für manch einen eine interessante Gesprächspartnerin gewesen sein."

Bloch lächelte. „Auch wenn du vielleicht widersprechen wirst. Frau Tarricones Wissen konnte auch für Marianne Hansen von unschätzbarem Wert sein."

Susanne wiegte den Kopf. „Die Frau gibt mir sowieso einige Rätsel auf," sagte sie nachdenklich. „Oder ist es im Odenwald üblich, dass Italienerinnen Buchhandlungen führen?"

Ihr Gegenüber spielte mit seinem Bierdeckel. „Höre ich da irgendeine Diskriminierung heraus? Auch Italienerinnen können Deutsch sprechen, auch Italienerinnen können deutsche Bücher lesen oder verkaufen. Oder beides. Besonders wenn sie hier geboren sind."

„Danke für die Belehrung." Susanne prostete ihm zu. „Jedenfalls ist mir die Frau nicht ganz geheuer. Du hast sie ja noch nicht erlebt, aber wie sie die ganze Zeit um den heißen Brei herumgeredet hat, obwohl sie genau wusste, dass sie eine höchst interessante Botschaft zu übermitteln hatte, das war schon komisch."

„Ich werde wohl meinen geballten germanischen Charme einsetzen müssen, um dieser heißblütigen Südländerin auf den Zahn zu fühlen."

Susanne verzog das Gesicht. „Wenn du weiter so herumschwadronierst, bekommst du nichts mehr zu trinken!", drohte sie.

„Ausgezeichnete Idee! Ein letztes Pils im Sitzen. Willst du auch noch etwas?"

„Ja. Einen Espresso." Sie lehnte sich rekelnd zurück. Dabei konnte man durchaus auf andere Gedanken kommen. „Wenn ich deine Aufmerksamkeit ein letztes Mal auf Fritjofs Liste lenken dürfte ..."

„Haben wir jemanden vergessen? Oder soll ich nun meine aufregende Lebensgeschichte zum Besten geben?"

„Wer stand auf Platz drei? Gleich vor dem berühmten Heubacher Privatdetektiv?", fragte Susanne.

Bloch nickte demutsvoll. „Es dämmert langsam. Du sprichst von dieser geheimnisvollen Tanja ohne Unterleib. Ich meine, ohne Nachnamen."

„Witzbold! Ich wüsste zu gerne, um wen es sich dabei handelt."

„In dieser Hinsicht scheinst du etwas mit unserem verstorbenen Fritjof gemeinsam zu haben. Oder heißt es: gehabt zu haben?"

„Gehab dich wohl. Welche verworrenen Gedanken willst du denn nun ans Tageslicht befördern?"

„Auch wenn es schon reichlich dunkel ist, zumindest draußen vor der Tür, werde ich dieses Geheimnis noch schnell lüften. Bist du auch wirklich richtig gespannt?"

„Komm zur Sache, Schätzchen", sagte Susanne.

„Meiner bescheidenen Meinung nach wusste auch Holger Fritjof nicht, wer sich hinter dem anmutig klingenden Vornamen Tanja verbirgt. Er muss den Namen irgendwo im Verlauf seiner leider nicht erfolgreich zu Ende geführten Recherchen aufgeschnappt haben. Sonst hätte er der Nachwelt doch wohl auch den Nachnamen der Dame hinterlassen, oder?"

Seine Assistentin gähnte herzhaft. „Manchmal bist du wirklich unschlagbar. Würdest du jetzt bitte zahlen?"

„Nur wenn du mir versprichst, mich morgen zu begleiten", sagte Bloch, während er seine Brieftasche hervorholte.

„Wir marschieren vereint, Herr und Meister?" Susanne schien für einen kurzen Moment noch einmal wach zu werden.

„Und ob! Ich meine, und wie! Schließlich haben wir eine besonders harte Nuss zu knacken."

Sie lächelte ihn aus leicht geröteten Augen an. „Hansen?", fragte sie erwartungsvoll.

„Ja. Und zwar die ganze Familie. Ich muss Marianne unbedingt wiedersehen!"

Kapitel 8

Polizeidirektion

Am nächsten Morgen kroch Tobias Bloch gegen elf Uhr aus den Federn. Während er aus seinem Schlafzimmer im ersten Stock schlurfte, hörte er aus der Küche eine verdächtig fröhlich klingende weibliche Stimme. „Ja, mein Schätzchen! Gleich gibt's Happihappi! Was möchtest du denn? Pute, Huhn oder Kaninchen?", hörte er Susanne flöten.

„Nicht zu fassen!", murmelte Bloch verdrossen. „Wie spricht die denn mit einer erwachsenen Katze?" Mit wackligen Schritten stieg er die Treppe zum Erdgeschoss hinab. „Ihr habt hoffentlich nichts dagegen, wenn ich euer inniges Techtelmechtel unterbreche", begrüßte der Privatdetektiv die in der Küche versammelte Weiblichkeit.

Susanne, die gerade Muzels Napf zur Hälfte gefüllt hatte, schenkte ihm ein strahlendes Lächeln. „Morgen, Tobias! Gut geschlafen?"

Er nahm eine Flasche Mineralwasser aus dem Kasten. „Kann ich jetzt noch nicht beurteilen", brummte er. „Außerdem hast du das Trockenfutter vergessen. Wenn du dich schon um meine Katze kümmern musst, dann mach es bitte auch richtig." Er deutete auf das Küchenbüfett. „Die Cracker stehen in dem Fach links unten. Huhn mit Mais mag sie am liebsten. Aber du kannst sie natürlich auch erst mal fragen." Er goss sich ein Glas Wasser ein und leerte es. „Herrje, wieso erzähle ich das alles? Hat ja sowieso keinen Sinn! Diese Katze macht doch eh, was sie will."

Susanne hatte inzwischen seinen Ratschlag befolgt und ein paar Bröckchen Trockenfutter über die Kaninchenhäppchen gestreut. Mit Feuereifer machte sich die dreifarbige Katze über die harte Beilage her.

Nach dem zweiten Glas Wasser setzte sich Bloch seufzend auf seinen Stammplatz an der Stirnseite des Holztisches.

„Möchtest du ein Frühstücksei?" Susanne schien noch immer bester Laune zu sein.

„Nein danke", antwortete er missmutig. „Ist noch etwas von dem Fleischsalat da?"

Sie schüttelte den Kopf. „Muzel und ich haben uns den Rest geteilt", erklärte sie bedauernd. „Wenn ich allerdings gewusst hätte ..."

„Zu spät. Und von dem Eiersalat mit Gürkchen habt ihr auch nichts mehr übrig gelassen?"

„Du meinst dieses große Plastikschälchen aus dem Feinkostladen?"

Bloch erhob sich und ging langsam zum Kühlschrank. „Die Beschreibung stimmt einigermaßen", sagte er, als er die Tür öffnete. „Gott sei Dank, er ist noch da!" Zum ersten Mal an diesem Vormittag huschte die Andeutung eines Lächelns über sein Gesicht. „Das ist der beste Eiersalat, den ich kenne", erzählte er stolz. „Und ich habe schon einige Sorten ausprobiert. Mit Schinken. Mit Spargel. Pervers, das Zeug. In einen wirklich guten Eiersalat gehören nur Eier und Gürkchen. Sonst nichts."

Er hatte den Deckel des Schälchens abgenommen und piekste ein Stück hart gekochtes Ei mit der Gabel auf. Er zermalmte es genüsslich zwischen den Zähnen. „Einfach köstlich!" Wieder tauchte er seine Gabel in den hellgelben Brei. „Aber er stammt natürlich nicht aus einem Feinkostladen", sagte er. "Solche Schickimicki-Geschäfte haben wir hier in Heubach nicht."

"Steht aber doch Feinkost drauf", widersprach Susanne sanft.

"Moment." Bloch kratzte den Rest Eiersalat aus dem Schälchen und schob ihn sich in den Mund. "Feinkost-Salat ist hier zu lesen." Er deutete mit der Gabel auf den Plastikdeckel, der neben dem Kühlschrank lag. "Das ist ein gewaltiger Unterschied. Und darunter: Metzgerei Keller. Das ist doch wohl eindeutig."

Bloch öffnete erneut die Kühlschranktür und nahm einen Zitronenjoghurt heraus. "Welches Datum haben wir heute?", fragte er.

"Den zwölften, glaube ich."

"Gut." Er nickte zufrieden. "Dann kann das Zeug noch nicht implodieren." Er nahm einen kleinen Löffel aus der Büfettschublade und setzte sich dann zurück auf seinen Platz. Als er vorsichtig den Deckel von dem Joghurtbecher abzog, war Muzel prompt zur Stelle. Mit einem mächtigen Satz landete sie direkt vor ihrem Herrchen auf dem Tisch. "Sie liebt Zitronenjoghurt", erklärte Bloch. "Erst leckt sie den Deckel ab. Und wenn ich fertig bin, holt sie sich den Rest aus dem Becher. Optimale Verwertung, oder?"

Nachdem er sein üppiges Frühstück beendet hatte, musterte Bloch erstaunt seine Assistentin. "Du bist ja schon komplett angezogen!", stellte er überrascht fest.

Susanne straffte sich. "Jawohl! Frisch geduscht und froh gelaunt! Und zur Feier des Tages habe ich mir sogar meine neue Seidenbluse gegönnt. Wie findest du sie übrigens?"

"Nicht schlecht. Das Rot passt gut zu deinen hellblonden Haaren."

Sie verbeugte sich leicht. „Man dankt, man dankt. Es ist übrigens ein Karmesinrot, wenn du es genau wissen willst."

Bloch zuckte die Achseln. „Ist mir auch recht. Hauptsache rot."

Susanne erhob sich und schlenderte zu dem zweiten Küchenfenster, das genau wie das südliche Fenster des Wohnzimmers einen weiten Blick auf die Wiesen im Tal und den auf der gegenüberliegenden Anhöhe beginnenden Wald ermöglichte. „Hübsche Aussicht!", sagte sie.

„Das ist eben der Unterschied zwischen Heubach und deinem verträumten Wiebelsbach. Ihr habt den Bahnhof, wir haben den Ausblick. Wie oft habe ich dir schon nahe gelegt, hierher zu ziehen? Dann hätten wir endlich annähernd so viele Einwohner wie die Konkurrenz."

Sie lächelte. „Du Erbsenzähler."

„Falls du es dir mal anders überlegen solltest ..."

„... werde ich dir rechtzeitig Bescheid geben." Sie sah zur Küchenuhr. „Wenn du dich demnächst ins Bad begibst, schaffen wir es noch, vor Arbeitsende in Hansens Möbelfabrik aufzukreuzen."

„Ist doch erst kurz vor zwölf", sagte er. „Und zum Baden und Anziehen brauche ich höchstens eine Stunde. Ich werde dir übrigens Konkurrenz machen und mein neues todschickes Flanellhemd aus dem Schrank holen."

„Kariert?", fragte Susanne zaghaft.

„Wo denkst du hin? Uni, natürlich. Ein zartes Hellblau, wenn ich mich recht entsinne. Passt bestimmt ausgezeichnet zu deinem Karmesinrot."

„Da wäre ich mir nicht so sicher." Susanne ging zum Tisch zurück, um sich eine Zigarette zu holen.

„Heute bist du übrigens mit Spülen dran", klärte sie der berühmte Privatdetektiv aus Heubach auf. „Zeit genug bleibt ja, während ich meine Schönheit zurückzugewinnen versuche."

Sie lächelte. „Für dich tue ich doch fast alles."

„Recht so." Gemächlichen Schrittes ging er aus der Küche und stieg die Treppe zum Obergeschoss hinauf, um seine Kleider zu holen.

Bloch lag erst eine knappe halbe Stunde in der Badewanne – zur Pflege seiner angegriffenen Haut hatte er sich ein Kamillenbad verordnet –, als die beschauliche, nur durch gelegentliches Geschirrgeklapper unterbrochene Ruhe vehement gestört wurde. Das Telefon klingelte unerbittlich. „Bin nicht zu sprechen!", rief er Susanne zu, die sich gerade in den Flur begeben hatte, um abzuheben. Leider konnte er durch die geschlossene Badezimmertür nicht hören, mit wem seine Assistentin sprach.

Als er schließlich um Viertel vor eins in die Küche zurückkehrte, erwartete ihn dort eine überhaupt nicht mehr gut gelaunte Susanne. „Was ist denn mit dir los?", fragte Bloch erstaunt. „Gefällt dir mein Hemd etwa nicht?"

Sie verzog das Gesicht. „Diese Polizei-Tussi hat angerufen. Hagebutte, oder so ähnlich."

„Die aparte Erscheinung hört auf den Namen Sara Hagedorn", verbesserte der Privatdetektiv seine Assistentin.

„Von mir aus. Jedenfalls möchte sie dich unbedingt sprechen. Und zwar heute noch."

Bloch legte ihr tröstend die rechte Hand auf die Schulter. „Dann wird es wohl nichts mit unserem Besuch bei der Höchster Möbelfabrik. Bist du sehr enttäuscht?" Unwirsch schob sie seine helfende Hand beiseite. So unwirsch, dass er beinahe das Gleichgewicht verloren hätte. „Lass den Unsinn!", murrte sie.

„Dann müssen wir eben unsere Pläne ändern", sagte er.

„Was heißt wir? Du fährst zu dieser Hagebutte. Und ich darf dein Heim hüten. So sieht es doch wohl aus!"

„Mitnichten. Wir fahren beide in das schöne Erbach. Getrennt, versteht sich. Ich werde mich von der Kommissarin aushorchen lassen. Und du hörst dich mal in der Kanzlei von Holger Fritjof um."

Sie wandte sich zu ihm um. „Die ist doch garantiert geschlossen, nach seinem Tod."

Bloch schüttelte den Kopf. „In besagter Kanzlei haben zwei Rechtsverdreher ihre dunklen Geschäfte gemacht. Fritjofs Kompagnon wirst du also aller Wahrscheinlichkeit nach dort antreffen. Oder zumindest eine auskunftsfreudige Sekretärin."

„Von mir aus." Susanne hatte sich offensichtlich noch nicht entschieden, ob sie weiter sauer sein sollte.

„Und Frau und Herrn Hansen knöpfen wir uns dann eben morgen vor", versuchte Bloch sie zu beschwichtigen. „Die Herrschaften werden uns schon nicht entwischen."

Sie winkte ab. „Wenn nicht wieder etwas anderes dazwischenkommt ..."

Als intimer Kenner des Odenwaldes, seiner Sehenswürdigkeiten und seiner Institutionen, wusste Tobias Bloch selbstverständlich, wo sich in der Erbacher Innenstadt die Polizeidirektion befand. Zielsicher steuerte er seinen Wagen an etlichen grünweißen Polizeifahrzeugen vorbei auf einen freien Besucherparkplatz. Der Privatdetektiv liebte das hohe, altehrwürdige Gebäude mit seiner mächtigen Fassade, auch wenn darin die Polizei untergebracht war. Deshalb ging er nicht gleich zur Anmeldung, sondern verharrte, an seinen Renault gelehnt, eine Weile vor der Polizeidirektion.

Muss unbedingt mal herausfinden, wer hier früher seine Residenz hatte, dachte er. Diesen Wunsch äußerte er nicht zum ersten Mal.

Es bereitete ihm keine Mühe, in dem großen und weitläufigen Gebäude das Zimmer der Kommissarin zu finden. Denn der Dienst habende Polizist am Eingang hatte ihm eine präzise Beschreibung geliefert, nachdem er sichergegangen war, dass Bloch tatsächlich einen Termin bei Sara Hagedorn hatte.

Die schlanke Kommissarin, die eine Vorliebe für T-Shirts zu haben schien, empfing ihren Besucher mit einem zweideutigen Grinsen. „Der Herr Privatdetektiv aus Heubach!", begrüßte sie ihn. „Freut mich, Sie wiederzusehen!" Sie erhob sich hinter ihrem Schreibtisch und deutete auf eine Sitzgruppe aus Leder im linken Teil des Raumes. „Dort haben wir es gemütlicher."

„Sind alle Büros hier so komfortabel eingerichtet?", fragte Bloch, während er Platz nahm.

Die Kommissarin winkte ab. „Sie sollten sich mal die Räumlichkeiten meines Vorgesetzten ansehen. Da könnte man fast von einer Verschwendung von Steuergeldern sprechen." Sie streckte ihre langen Beine aus. „Möchten Sie einen Kaffee?"

Er verneinte. „Ich habe noch nie Kaffee getrunken. Und dabei soll es auch bleiben."

„Im Ernst? Keine einzige Tasse?"

Der Privatdetektiv zuckte die Achseln. „Na gut, in meiner Kindheit oder Jugend habe ich vielleicht mal an einer Tasse dieses scheußlichen Gebräus genippt. Das hat mir dann aber auch gereicht."

Sie nickte. „Etwas Kaltes? Wasser, Saft, Cola?"

„Ist das hier ein Getränkegroßhandel?", fragte er.

„Können Sie sich nicht entscheiden?"

„Doch, doch. Ich nehme ein Wasser."

Nachdem sie aus einem Einbaukühlschrank, der dezent in einer Ecke der großflächigen Schrankwand untergebracht war, die Getränke besorgt hatte, kam die sportliche Kommissarin langsam auf ihr eigentliches Thema zu sprechen. „Welchen Eindruck haben Sie bisher von der ganzen Sache gewonnen?", fragte sie arglos.

Bloch leerte sein Glas zur Hälfte. „Schwer zu sagen", antwortete er zögernd. „Man müsste wissen, wer sich hinter dieser mysteriösen Tanja verbirgt. Dann könnte man wahrscheinlich …"

„Sie wissen nicht, wer diese Tanja ist?"

Der Privatdetektiv runzelte die Stirn. „Nein, keine Ahnung", murmelte er.

„Herr Bloch, wollen Sie mich etwa für dumm verkaufen?"

„Weder für dumm noch für einen höheren Preis." Er holte seine Zigaretten hervor und bot ihr eine an.

Sie lehnte dankend ab. „Ich habe heute meine eigenen dabei."

Bloch zündete sich umständlich eine Zigarette an. „Nein, im Ernst. Ich weiß wirklich nicht, wer dieses Weibsbild ist."

Die Kommissarin schenkte ihm ein entzückendes Lächeln, das beinahe ehrlich wirkte. „Sie werden lachen, wir haben es bisher auch noch nicht herausgefunden. Haben Sie denn vielleicht eine Vermutung?"

„Mit Kriminalbeamtinnen, die zu scherzen belieben, tausche ich keine Vermutungen aus. Regel fünf auf der nach oben offenen Privatdetektiv-Skala."

„Seien Sie kein Frosch! Man wird doch noch ein bisschen spekulieren dürfen."

Bloch zog an seiner Zigarette. „Sie können tun und lassen, was Sie wollen, verehrte Kommissarin", sagte er. „Aber ich werde mich an solchen unseriösen Machenschaften nicht beteiligen."

„Sind Sie immer so verdammt stur?", fragte Sara Hagedorn. „Bei unserem ersten Treffen hatte ich den Eindruck, dass Sie ein ziemlich humorvoller Bursche sind."

„Tja, der erste Eindruck kann manchmal ganz schön täuschen. Außerdem haben Sie und Ihr hochintelligenter Assistent mich damals glattweg überrumpelt. Da musste ich es eben auf die naive Tour versuchen. Wo ist Ihr Watson eigentlich?"

„Er hat Ausgang. Zudem wollte ich mich bewusst unter vier Augen mit Ihnen unterhalten. Das ist doch viel ungezwungener, nicht?"

„Und worüber?" Bloch streifte die Asche seiner Zigarette ab.

„Wer kommt Ihrer Meinung nach für den Mord an Holger Fritjof in Frage? Außer der uns vorläufig noch unbekannten Tanja?"

Der Privatdetektiv seufzte. „Ich habe nicht gesagt, dass ich diese Tanja verdächtige. Ich habe mir nur die Bemerkung erlaubt ..."

„Schon klar", unterbrach sie seinen weitschweifigen Versuch einer Erklärung. „Also wer?"

„Wenn ich das wüsste, wäre ich längst ein reicher Mann", antwortete Bloch gelangweilt.

„Arbeiten Sie etwa für jemanden, der auf Holger Fritjofs Liste steht?"

„Erraten. Für die Nummer vier."

„Und wieso sollten Sie dabei ein kleines Vermögen verdienen? Gönnen Sie sich etwa selbst ein üppiges Erfolgshonorar, nach getaner Arbeit?"

„Darüber habe ich noch nicht entschieden. Aber ich würde auf jeden Fall versuchen, den Täter zu erpressen."

Sara Hagedorn verzog das Gesicht und schnaufte. „Wenn Sie nicht bald so freundlich sind, Klartext zu reden, mache ich Sie zum Hauptverdächtigen."

Der Privatdetektiv lächelte. „Viel Spaß." Er leerte sein Glas. „Für mich sind der Heimatforscher und der Lokalredakteur in dieser Hinsicht zwei ziemlich unauffällige Zeitgenossen", erklärte er dann in bisher nicht gekannter Offenheit. „Wobei ich allerdings gestehen muss, bis dato nur mit Torsten Finke gesprochen zu haben ..."

„Wie können Sie dann Maximilian Haussmanns Rolle beurteilen?"

Bloch schüttelte enttäuscht den Kopf. „Sie glauben doch nicht, dass ich in einem solch brisanten Fall allein arbeite? Ich habe selbstverständlich meine reizende Assistentin in die Ermittlungen eingeschaltet." Er lächelte versonnen. „Im Vergleich zu Ihrem vollschlanken Adlatus ist sie eine wahre Könnerin. Was die Erfahrung, die Menschenkenntnis und den Durchblick angeht."

„Ein unschlagbares Team", murmelte Sara Hagedorn.

„So ist es." Der Privatdetektiv streckte seine Beine aus. Fast wäre er dabei unter dem Couchtisch der Kommissarin in die Quere gekommen.

„Blieben also vorläufig Walter Hansen und diese italienische Buchhändlerin", setzte sie an.

„Sie hört auf den entzückenden Namen Franca Tarricone", ergänzte Bloch.

„Haben Sie wenigstens mit ihr gesprochen?"

„Nein. Meine reizende Assistentin ..."

Sara Hagedorn schüttelte verwundert den Kopf. „Kann es sein, dass Ihre Mitarbeiterin die ganze Arbeit erledigt, während Sie sich einen schönen Lenz machen?"

„Unsinn!", protestierte er. „Wir ermitteln eben getrennt. Das ist übrigens bedeutend effektiver", fügte er hinzu.

Die Kommissarin erhob sich und ging zu einem der Fenster ihres geräumigen Büros. Von dort aus hatte man eine fantastische Aussicht auf den Fuhrpark der Erbacher Polizei. „Sie haben also auch, allerdings auf dem Umweg über Ihre Assistentin, von der Beziehung zwischen Angelika Küster und Walter Hansen erfahren?"

„Sicher. Eigentlich wollten wir ihm deshalb heute unsere Aufwartung machen. Aber da ist leider Ihre reizende Einladung dazwischengekommen." Bloch zündete sich eine weitere Zigarette an und genoss die Rückenansicht der Kommissarin. Obwohl er eigentlich nicht auf sportliche Heldinnen stand. „Meine Assistentin war übrigens ganz schön sauer, dass Sie uns den Ausflug nach Höchst vermasselt haben. Sie kann manchmal sehr starrsinnig sein."

Sara Hagedorn drehte sich zu ihm um. „Versprechen Sie sich von einem Gespräch mit Walter Hansen bloß nicht zu viel", sagte sie. „Uns gegenüber hat er jedenfalls alles geleugnet. Ihm war angeblich gerade mal bekannt, dass Frau Küster ein paar Jahre in seiner Firma tätig war. Und auch das sei ihm erst später eingefallen, behauptet er. Völlig unglaubwürdig, der Mann."

„Und seine Frau?", fragte der Privatdetektiv. „Hat sie ebenfalls die Ahnungslose gespielt?"

Die Kommissarin lächelte. „Als wir allein mit ihr sprachen, hatte sie ein nettes Argument für die Unschuld ihres Mannes parat. Sie erzählte uns, dass sie vor einiger Zeit einen renommierten Privatdetektiv aus Heubach angeheuert hatte, um ihren Gatten beschatten zu lassen ..."

Tobias Bloch winkte ab. „Geizige alte Ziege", sagte er. „Sie hätte eben etwas mehr investieren müssen."

„Vielleicht lügen die Hansens ja gar nicht", gab die Kommissarin zu bedenken. „Vielleicht lügt ja Franca Tarricone. Überlegen Sie doch mal! Sie legt sich eine prima Geschichte zurecht und benennt zwei Tote – Holger Fritjof und Angelika Küster – als Zeugen für ihre Behauptungen. Niemand kann nachprüfen, ob Fritjof und Frau Küster tatsächlich ein Verhältnis miteinander hatten. Gleiches gilt für die angebliche Liaison zwischen Angelika Küster und ihrem damaligen Chef Walter Hansen. Wäre doch zumindest eine Möglichkeit, oder?"

Der Privatdetektiv lehnte sich langsam zurück. „An diese Variante habe ich überhaupt noch nicht gedacht", sagte er.

„Wirklich nicht?" Sara Hagedorn setzte sich wieder ihm gegenüber in den Ledersessel.

„Ich schwöre es", bekannte er aufrichtig. „Aber wieso sollte Franca Tarricone das alles erfinden? Sie muss doch damit rechnen, dass es noch andere Personen gibt, die Angelika Küster näher kannten. Die etwas wissen über ihre tatsächlichen oder vermeintlichen Männerbekanntschaften."

„Das ist eine der Fragen, die wir noch zu klären haben", antwortete die Kommissarin.

„Und dann ist da noch die Behauptung von Frau Tarricone, Walter Hansen habe Angelika Küster beim Aufbau ihres Geschäftes finanziell unter die Arme gegriffen", sagte Bloch. „Sie haben doch sicher die Möglichkeit, eine solche Transaktion aufzudecken. Unter Umgehung des Bankgeheimnisses. Wenn Hansen in dem fraglichen Zeitraum, relativ kurz vor der Eröffnung des Spielzeugladens, einen größeren Betrag abgehoben oder auf Frau Küsters Konto überwiesen hat ..."

„Wenn er clever gewesen ist und die Sache mit dem Laden schon etwas länger geplant war, dürften wir ihm schwerlich auf die Schliche kommen", wandte sie ein. „Er kann rechtzeitig kleinere Teilbeträge beiseite geschafft haben, die für sich genommen völlig harmlos und unverdächtig sind. Immer vorausgesetzt, dass Franca Tarricones Erzählungen tatsächlich der Wahrheit entsprechen."

Der Privatdetektiv nickte resigniert. „Schon aus Rücksicht auf seine Frau muss Hansen bei einer solchen Transaktion sehr vorsichtig gewesen sein." Er schenkte sich Wasser nach. „In dieser Frage haben Sie ausnahmsweise einmal Recht, Frau Kommissarin", sagte er. „Dass Walter Hansen gegenüber Frau Küster spendabel war, wird sich kaum nachweisen lassen."

Sara Hagedorn lächelte. „Schön, dass wir wenigstens in einer Frage mal einer Meinung sind. Das motiviert ungeheuer."

„Keine Beleidigungen, bitte!" Bloch hob abwehrend die Hände. „Wo es gerade anfängt, so angenehm harmonisch zu werden ..."

„... müsste ich eigentlich danach fragen, welche Rolle Sie in dieser ganzen Geschichte spielen", ergänzte die Kommissarin schlagfertig.

„Das wissen Sie doch!"

„Und wie sind Sie auf Fritjofs Liste gekommen?", hakte Sara Hagedorn nach. „Das war doch sicherlich kein Zufall und kein Versehen."

„Zu gegebener Zeit werde ich Sie selbstverständlich darüber aufklären."

„Bis dahin darf ich dann noch ein bisschen spekulieren, ja?", fragte die Kommissarin. „Wenn Sie nämlich nicht der Unschuldsengel sind, der zu sein Sie vorgeben, gäbe es bestimmt ein paar interessante Anhaltspunkte ..."

„Das glauben Sie doch selbst nicht!", widersprach Tobias Bloch. „Ich habe nie behauptet, ein Unschuldsengel zu sein. Aber den Mord an Fritjof können Sie mir nun wirklich nicht in die Schuhe schieben. Als eingefleischtem und heimatverbundenem Odenwälder käme es mir nie in den Sinn, das herrliche Felsenmeer auf so schändliche Art und Weise zu beflecken. Das müssen Sie mir einfach glauben!"

Sara Hagedorn schob sich eine Strähne ihres pechschwarzen Haares aus der Stirn. „Dann erlauben Sie mir wenigstens noch eine Frage zur Ihrem Privatleben."

„Nur zu! Es gäbe da manches, was für Sie sehr interessant sein könnte. Zum Beispiel die Tatsache, dass ich lediger als ledig bin. Völlig ungebunden."

„Mich würde zum Beispiel interessieren, wie Sie Ihren augenscheinlich nicht sehr bescheidenen Lebensstil finanzieren. Sie scheinen nicht übermäßig viel zu arbeiten ..."

„Absolut korrekt", bestätigte Bloch.

„Sie können sich trotzdem sogar eine Assistentin leisten. Sie bezahlen sie doch hoffentlich?"

„Wo denken Sie hin?", protestierte er. „Natürlich tue ich das. Und zwar nicht zu knapp."

Die Kommissarin nickte. „Meine Frage ist also, wie geht das alles zusammen? Wie machen Sie das? Haben Sie Verbindungen zur Odenwälder Unterwelt, handeln Sie mit Rauschgift?"

„Damit kann ich leider nicht dienen", antwortete Tobias Bloch. „Aber ich darf in diesem Zusammenhang auf meine liebe, leider viel zu früh verstorbene Tante Margarethe verweisen. Sie hat mir – andere Nichten und Neffen standen Gott sei Dank nicht zur Verfügung – ein hübsches Sümmchen hinterlassen. Hat mich übrigens eine schöne Stange Erbschaftssteuer gekostet. Aber ich will mich gar nicht beschweren. Jedenfalls ist trotzdem noch ein bisschen was übrig geblieben. Davon habe ich mir meine bescheidene Hütte in Heubach gekauft. Und wenn ich mich nicht besonders blöd anstelle und keine spekulativen Aktiengeschäfte tätige, reicht das Geld meiner lieben Tante bis zu meinem hoffentlich noch fernen Lebensende." Er grinste. „Außerdem bessere ich von Zeit zu Zeit als erfolgreicher Privatdetektiv mein Haushaltsgeld ein wenig auf."

„Beneidenswert", murmelte Sara Hagedorn. „Und Sie sind tatsächlich noch zu haben?"

„Ja. Wenn man mich nicht vorher ins Gefängnis sperrt."

Kapitel 9

Urheberrecht

Bevor Susanne zu ihrer Erkundungstour nach Erbach aufbrach, machte sie zunächst einen Abstecher in ihre Mietwohnung in Wiebelsbach. Sie stellte ihren grünen Fiat vor dem dreistöckigen Haus ab, in dem sie direkt unter dem Dach residierte. Als sie ihren Briefkasten aufschloss und zahlreiche Werbesendungen sowie zwei seriös aussehende Umschläge herausnahm, ließ sie ein weithin hörbares „Tag, Frau Kramer!" zusammenzucken. Beinahe wäre ihr vor Schreck die Post aus der Hand gefallen.

Sie drehte sich in Richtung der aufdringlichen Stimme um und erkannte auf der gegenüberliegenden Seite des Bürgersteigs eine Nachbarin, die gerade vom Einkaufen zurückkam. Ihre prallen Plastiktüten lehnten unsicher an der Hauswand.

„Lange nicht mehr gesehen", begann Frau Michalski ihre obligatorische Inquisition. „Sie haben wohl viel zu tun?"

Susanne nickte. „Ja, ja", fügte sie unsicher hinzu.

„Ist es denn mal wieder ein größerer Auftrag?" Die Betonung lag eindeutig auf mal wieder. „Also, das Kinderbuch von Ihnen, das ich meinem Enkel zum Geburtstag geschenkt habe, ist wirklich reizend." Diese Auskunft war nun wirklich nicht neu. „Gibt es bald mal wieder ein neues? Ich würde es dann auch gleich kaufen."

Susanne versuchte zu lächeln. „Ich sitze gerade an einem neuen. Dauert allerdings noch einige Zeit. Und bis es dann gedruckt ist …"

„Ach was! Wie heißt es denn?"

„Der Titel steht leider noch nicht fest. Ich habe darauf auch gar keinen Einfluss, das entscheidet der Verlag."

„Ach was!" Frau Michalski hatte sich inzwischen neben ihren Einkaufstüten an die Hauswand gelehnt. Sie richtete sich augenscheinlich auf eine längere Unterhaltung ein. Wann hatte man auch als einfache Wiebelsbacher Bürgerin mal die Gelegenheit, mit einer echten Künstlerin zu sprechen, von der sogar echte Kinderbücher veröffentlicht wurden? Zumindest echte Bilder, wie Frau Michalski gerne sagte. Fehlte nur noch, dass sie zwei Klappstühle und einen Campingtisch aus ihrem Hof holte, um ein improvisiertes Kaffeekränzchen zu veranstalten.

„Sie, ich hätte da mal eine Frage", setzte die Nachbarin nach einer kleinen Verschnaufpause erneut an. Diese Einleitung, das wusste Susanne aus Erfahrung, verhieß mit Sicherheit nichts Gutes. „Sie sind doch neulich, wann war denn das genau …?" Sie fasste sich an die Stirn. „Ist ja jetzt auch egal. Jedenfalls, Sie sind doch mit zwei Koffern weggefahren?"

Darum ging es also. Lieber ein Ende mit Schrecken als eine langwierige und höchst unerfreuliche Plauderei mit Frau Michalski. „Mein Onkel", erklärte Susanne, „mein Onkel ist ziemlich krank. Deshalb …"

„Ach was! Der aus Wald-Michelbach?"

„Genau. Deshalb …"

„Der hat es doch an der Schilddrüse, gell? Haben Sie mir doch mal erzählt." Medizinische Themen aller Art, ob es nun um riskante Operationen, unheilbare Krankheiten, komplizierte Schwangerschaften oder mysteriöse Todesfälle ging, faszinierten Frau Michalski von jeher.

„Nein." Susanne schüttelte den Kopf. „Nicht die Schilddrüse. Das ist mein Bruder ..."

„Ach was! Was ist es dann? Bei Ihrem Onkel, meine ich."

„Das Herz", sagte Susanne knapp. Dieses Stichwort saß immer.

„Aha." Frau Michalski nickte heftig. „Sie, Frau Kramer, da könnte ich Ihnen Sachen erzählen. Ei, Sie wissen doch, mein Mann. Ernst, sage ich immer wieder zu ihm. Ernst, du musst zum Doktor." Sie senkte ihre Stimme. „Aber glauben Sie, der Trottel würde auf mich hören?" Sie winkte ab. „Frau Kramer! Ich sage nur: Männer! Verstehen Sie, was ich meine?"

Susanne nickte. „Tut mir Leid, Frau Michalski. Ich habe wirklich nicht viel Zeit. Ich wollte nur mal kurz in der Wohnung nach dem Rechten sehen ..."

Die Nachbarin schien ein Einsehen zu haben. „Dann machen Sie es gut, Frau Kramer! Und gute Besserung für Ihren Onkel! Wann kommen Sie denn wieder zurück?"

Susanne zuckte die Achseln. „Keine Ahnung. Aber ich glaube, dieses Mal wird es etwas länger dauern."

Frau Michalski nickte mitfühlend. „Ist eine ernste Sache, mit dem Herz", sagte sie nachdenklich und griff nach ihren Plastiktüten.

Bevor es sich ihre Nachbarin anders überlegte, nutzte Susanne die Gelegenheit. Rasch holte sie ihren Schlüssel hervor und flüchtete ins Haus.

„Blödes Waschweib!", murmelte sie, als sie die Holztreppe zu ihrer Dachgeschosswohnung hinaufstieg. Schon im Flur roch es nach kaltem Rauch. Susanne leerte den Aschenbecher aus und öffnete alle Fenster. Die Post legte sie auf ihren Zeichentisch, erst wollte sie sich um die Pflanzen kümmern. Und das war auch bitter nötig. Sie hatte sich zwar erst vor wenigen

Tagen bei Tobias einquartiert, dennoch ließen sowohl die Palme als auch die Schefflera traurig ihre Blätter hängen. Sehr wahrscheinlich waren sie schon viel länger nicht gegossen worden.

Susanne entschied sich angesichts dieses beschämenden Anblicks für eine Radikalkur. Sie schleppte alle Zimmerpflanzen ins Bad, steckte den schwarzen Gummistöpsel in den Abfluss der Wanne und ließ reichlich Wasser einlaufen. Zwar bekamen die Pflanzen in dem Badezimmer mit dem kleinen Fenster nun kaum mehr Licht ab, dafür würden sie sich aber in nächster Zeit nicht über Wassermangel zu beklagen haben. Und wenn tatsächlich das eine oder andere sensible Gewächs während ihrer aufreibenden Ermittlungstätigkeit das Zeitliche segnen würde, konnte sie die dann erforderlichen Neuanschaffungen immer noch auf ihre Spesenrechnung setzen.

Mit diesem beruhigenden Gedanken im Hinterkopf kehrte Susanne in ihr Arbeitszimmer zurück und widmete sich der Post. Die Werbesendungen landeten allesamt ungeöffnet im Altpapierkorb. Der erste Umschlag, den sie mit ihrem scharfen Cutter aufschlitzte, enthielt – unter der verbrämenden Überschrift *Haben Sie es vergessen, liebe Kundin?* – nichts anderes als eine höchst gewöhnliche Mahnung. Düster erinnerte sich Susanne an die fast zwei Monate zurückliegende Bestellung. Die damals angeforderten Kosmetika waren inzwischen weitestgehend verbraucht.

Das zweite Schreiben barg eine noch größere Überraschung. Schon der klein gedruckte Absender, der ihr unten am Briefkasten nicht aufgefallen war, machte Susanne nervös.

‚Liebe Frau Kramer', las sie dann mit hochrotem Kopf, ‚da wir Sie telefonisch leider nicht erreichen konnten, möchten wir Ihnen auf diesem Weg mitteilen, dass das geplante Kinderbuchprojekt mit dem Arbeitstitel Knut vorerst ruhen wird. Diese Entscheidung, die wir uns reiflich überlegt haben, hat nichts mit Ihrer zeichnerischen Qualifikation zu tun. Im Gegenteil. Ihre ersten Skizzen haben uns seinerzeit sehr gut gefallen. Leider aber gibt es mittlerweile einige Schwierigkeiten bezüglich des Urheberrechtes an der dem geplanten Buch zugrunde liegenden Kindergeschichte. Deshalb macht es vorläufig keinen Sinn, dass Sie weitere Illustrationen für dieses Projekt erstellen. Wir werden uns zu gegebener Zeit wieder mit Ihnen in Verbindung setzen. Mit freundlichen Grüßen ... P.S. Liebe Frau Kramer, wenn Sie neue, interessante Ideen für ein Bilderbuch haben, zögern Sie bitte nicht, uns unverbindlich einige Vorschläge zuzusenden.'

Susanne ließ den Brief auf den Zeichentisch fallen. „Scheißbande, elende Scheißbande!", fluchte sie voller Wut. „Ich hätte es eigentlich wissen müssen. Diesem Scheißverlag war noch nie zu trauen!"

Sie ging ins Bad und schüttete sich eiskaltes Wasser ins Gesicht. Ein probates Mittel gegen aufkommende Tränen. Zwei Zigaretten und zwei Sherrys später hatte Susanne ihre Fassung halbwegs wiedergewonnen. Sie schloss die Fenster ihrer Dachwohnung, knallte die Tür hinter sich zu und verließ diesen unfreundlichen Ort.

Auf der Fahrt nach Erbach, ihr billiges Autoradio gab in voller Lautstärke sein Bestes, beruhigte sich Susanne langsam wieder. Sie hatte schließlich schon eine Menge Absagen erhalten. Aber noch keine mit einer solch unverschämten Begründung. In der Nähe des Erbacher Schlosses parkte sie ihren Fiat in einer kleinen Gasse. Nachdem sie ausgestiegen war, vergewisserte sie sich noch einmal, dass ihr Wagen nicht im Halteverbot stand. Eine neuerliche Demütigung, womöglich bis hin zu einem abgeschleppten Auto, wollte sie unbedingt vermeiden.

Susanne ging von der Gasse aus zum Marktplatz. Ihr Blick fiel auf das dreigeschossige Barockschloss der Grafen zu Erbach-Erbach, das – so wusste sie aus eigener Anschauung – ein bedeutendes kunsthistorisches Museum beherbergte. Mit Rittersaal, Gewehrkammer, Hirschgalerie sowie den römischen und griechischen Zimmern, in denen wertvolle antike Kunstwerke ausgestellt waren. Während sie an der mitten durch die Stadt fließenden Mümling entlang das imposante Schloss passierte, dachte sie an die ebenso imposante Trophäensammlung des Schlossmuseums, die mehrere Dutzend – an die genaue Zahl konnte sich Susanne nicht mehr erinnern – beeindruckende Hirschgeweihe umfasste.

In einem aufwendig renovierten Fachwerkhaus mit Blick auf den Marktplatz hatte die Rechtsanwaltskanzlei Holger Fritjof & Frank Bauer ihre Zelte aufgeschlagen. Susanne schüttelte den Kopf, als sie das Messingschild musterte. Man hätte den Namen des Ermordeten doch wenigstens dezent überkleben können, dachte sie verärgert. Aber wahrscheinlich sah das reichlich unfein aus. Und das neue Schild, auf dem nur der Name Bauer prangen würde, war sicher längst in Auftrag gegeben worden.

Eine wohlproportionierte Endzwanzigerin in weinroter Bluse und schwarzem Rock öffnete ihr nach dem zweiten Klingeln die Haustür und blieb im Rahmen stehen. Nicht sehr einladend.

„Ich möchte bitte Herrn Bauer sprechen", sagte Susanne förmlich.

„Bedaure." Die Frau mit den offensichtlich gefärbten blonden Haaren schüttelte den Kopf. „Herr Rechtsanwalt Bauer ist leider nicht im Haus. Und wir erwarten ihn heute auch nicht mehr zurück. Wenn Sie einen Termin vereinbaren möchten, kann ich Ihnen aber gern behilflich sein."

„Nein danke." Die Assistentin des berühmten Privatdetektivs aus Heubach wechselte in eine forschere Tonart. „Dann spreche ich lieber gleich mit Ihnen. Sie können mir sicherlich auch weiterhelfen", fügte sie optimistisch hinzu.

Die Sekretärin der Kanzlei schnappte nach Luft. „Ich verstehe nicht ganz", brachte sie dann mühsam hervor.

„Es geht um Herrn Fritjof, Ihren verstorbenen Chef", erklärte Susanne weniger energisch. „Er war doch Ihr Chef?"

„Ja. Ich arbeite für beide Anwälte. Habe für beide gearbeitet", verbesserte sie sich schnell. „Aber trotzdem ..."

Susanne nickte ihr aufmunternd zu. „Wenn Sie mich kurz hereinlassen, kann ich Ihnen alles erklären." Und das tat sie dann auch in der gebührenden Ausführlichkeit, um das zweifellos vorhandene Misstrauen von Angela Maurer, der Sekretärin der Kanzlei, zu überwinden. „Hat Herr Fritjof Ihnen gegenüber diese Liste erwähnt?", fragte Susanne.

„Die Liste nicht direkt." Frau Maurer stellte ihre Kaffeetasse ab. „Aber er hat mir die fünf Namen genannt mit dem Auftrag, die Adressen und nach Möglichkeit auch die Telefonnummern der betreffenden Personen ausfindig zu machen."

„Fünf Namen, mit Ausnahme von Angelika Küster und Tanja X, nehme ich an?", fragte Susanne.

Die Sekretärin nickte. „Dass es sich dabei um eine regelrechte Liste gehandelt hat, habe ich erst von der Polizei erfahren. An sich war eine solche Recherche nichts Außergewöhnliches." Sie lächelte gequält. „Na ja, Recherche ist vielleicht ein bisschen übertrieben. Jedenfalls kommt so etwas in unserer Kanzlei natürlich öfter vor."

„Kann ich mir vorstellen", sagte Susanne. „Aber weshalb sich Herr Fritjof für diese fünf Personen interessierte, das hat er Ihnen nicht gesagt?"

„Nein." Frau Maurer nippte an ihrem Kaffee. Anscheinend war sie ziemlich nervös. Denn in der Tasse konnte nach Susannes Beobachtung allenfalls noch ein Rest nicht aufgelösten Zuckers sein.

„Existiert in dieser Angelegenheit irgendwelche Korrespondenz? Haben Sie Briefe geschrieben oder mit jemandem, der auf der Liste stand, telefoniert?"

Wieder verneinte die Sekretärin der Kanzlei. „Ich hatte lediglich die Aufgabe, Adressen und Telefonnummern herauszusuchen. Das andere hat dann Herr Fritjof selbst in die Hand genommen."

„Hatten Sie den Eindruck, dass ihn diese Sache sehr beschäftigte?", fragte Susanne. „Sprach er mal darüber, dass er mit diesem oder jenem einen Termin hatte? Dass er etwas Wichtiges erfahren hatte oder dass er in einem bestimmten Punkt überhaupt nicht vorankam?"

Angela Maurer zuckte die Achseln. „Er hat von sich aus dieses Thema nicht angeschnitten – und ich habe nicht danach gefragt." Sie machte eine Pause. „Er hat sich später nur mal kurz, quasi in einem Nebensatz, für meine Aufzeichnungen bedankt."

Susanne wurde hellhörig. „Was hat er genau gesagt? Können Sie sich daran noch erinnern?"

„Sinngemäß sagte er, dass alle Angaben absolut korrekt waren. Auch die Telefonnummern."

„Aha. Das müsste doch bedeuten, dass er mit jeder der in Frage kommenden Personen bereits versucht hatte, Kontakt aufzunehmen? Und dass ihm dies auch gelungen war?"

„So habe ich es jedenfalls verstanden", sagte die Sekretärin. „Was ist daran so bemerkenswert?"

Susanne lehnte sich zurück. „Na ja, um es vorsichtig auszudrücken: Nicht jeder der fünf gibt zu, Herrn Fritjof gekannt, geschweige denn mit ihm gesprochen zu haben. Und in einem Fall bin ich mir auch absolut sicher, dass keine Kontaktaufnahme stattfand."

Angela Maurer sah sie fragend an.

„Mein Chef, Tobias Bloch, hat weder mit Herrn Fritjof telefoniert noch mit ihm gesprochen. Das steht fest." Susanne kratzte sich leicht am Arm. „Da bleiben eine ganze Menge Fragen. Wäre es möglich, dass Sie ihn falsch verstanden haben, dass Sie nur – völlig arglos natürlich – etwas in seinen Nebensatz hineininterpretiert haben, das Ihr Chef überhaupt nicht gemeint hat?"

„Wie soll ich das so genau wissen?", sagte die Sekretärin. „Normalerweise klappte die Kommunikation zwischen uns beiden eigentlich ganz gut. Ich kann mich nicht daran erinnern, dass es wegen solch harmloser Aussagen zu Missverständnissen oder Fehldeutungen gekommen wäre."

„Und eines kapiere ich außerdem nicht." Susanne wechselte abrupt das Thema. „Wieso hat Herr Fritjof eigentlich Ihnen den Auftrag gegeben, die Adressen und die Telefonnummern herauszusuchen? Wenn er sowieso nicht vorgehabt hat, Sie in irgendeiner Form einzuweihen, hätte er doch gleich selbst in den verschiedenen Telefonbüchern nachschauen können."

Angela Maurer zog die Mundwinkel ein klein bisschen nach unten. „Also zunächst, er hatte ziemlich viel um die

Ohren und konnte sich nicht immer um solche Routinearbeiten kümmern. Und außerdem hatten wir, glaube ich zumindest, ein recht gutes Vertrauensverhältnis. Was ich damit sagen will: Er konnte sich in jedem Fall auf meine Diskretion verlassen, auch wenn er mir nicht lang und breit erklärt hatte, weshalb ich etwas herausfinden sollte."

Das Klima in der Kanzlei sank merklich um einige Grad. Susanne setzte ein charmantes Lächeln auf. „Wussten Sie von einer Beziehung zwischen Herrn Fritjof und Angelika Küster?"

„Zwischen Privatangelegenheiten und beruflichen Belangen wussten wir hier alle immer genau zu unterscheiden."

„Aber vielleicht haben Sie mal einen Anruf von Frau Küster entgegengenommen oder sie ist mal hier in der Kanzlei gewesen, um Herrn Fritjof abzuholen?", hakte Susanne nach.

„Da kann ich Ihnen leider nicht weiterhelfen. Und außerdem: Selbst wenn Frau Küster einmal hier gewesen sein sollte, wie hätte ich sie denn als eben diese Angelika Küster erkennen sollen? Dies wäre nur möglich gewesen, wenn sie sich vorgestellt hätte. Denn ich wusste damals nicht und weiß bis heute nicht, wie diese Frau aussah." Die Sekretärin erhob sich. „Wenn Sie mich jetzt bitte entschuldigen. Ich habe noch einige wichtige Arbeiten zu erledigen."

„Selbstverständlich." Susanne stand ebenfalls auf. „Eine letzte Frage noch, wenn Sie gestatten."

„Ja?"

„Wusste womöglich Frank Bauer, der Sozius von Herrn Fritjof, mehr über die Liste und die entsprechenden Nachforschungen?"

„Das müssen Sie ihn schon selbst fragen. Mir gegenüber hat er jedenfalls nichts erwähnt."

Als Susanne das Fachwerkhaus verlassen hatte und frustriert über den Marktplatz in Erbach ging, hatte sie das sichere Gefühl, einen miesen und höchst unerfreulichen Tag erlebt zu haben. Dabei hatte alles so hoffnungsfroh begonnen mit der Aussicht, Walter Hansen und seine Gattin Marianne in Höchst aufzusuchen und auszufragen. Aber spätestens seit dem Anruf dieser arroganten Hagebutte war der Wurm drin gewesen. Von der unverschämten und völlig unerwarteten Absage des Verlages und dem unerquicklichen Gespräch mit der nicht gerade auskunftsfreudigen Sekretärin der Rechtsanwaltskanzlei Fritjof & Bauer ganz zu schweigen.

„Du kannst dich auf etwas gefasst machen, Tobias Bloch!", murmelte sie zornig. „Heute Abend werde ich es dir zeigen! Und zwar richtig!"

Ein älterer Herr, der einen Teil ihres kurzen Selbstgespräches aufgeschnappt hatte, blieb kopfschüttelnd stehen. Susanne würdigte ihn keines Blickes.

Kapitel 10

Kündigung

Auf der Rückfahrt von Erbach zu seinem Haus am Rand von Heubach machte Tobias Bloch in der Bank und in einigen Geschäften seines Heimatortes Station, um seine Vorräte an Geld, Getränken, Zigaretten, Katzenfutter und Lebensmitteln aufzufüllen. Er war gerade dabei, die Kästen, Tüten und Kisten aus seinem Auto zu laden, als Susanne zurückkehrte. Ihre Ankunft war nicht zu überhören. Mit Volldampf kam sie die steile Auffahrt zu Blochs Haus heraufgefahren und stellte ihr Auto quietschend auf einem freien Parkplatz ab. Muzel, die bisher interessiert an den Einkäufen ihres Herrchens geschnuppert hatte, floh mit einem Satz unter Blochs Renault.

„Du hast es aber eilig, zu mir zurückzukehren!", sagte er lachend, nachdem sie ihrem Wagen entstiegen war. Susanne knallte die Autotür zu und bahnte sich einen Weg an den Getränkekästen vorbei. Wortlos ging sie ins Haus. Der Privatdetektiv beugte sich zu seiner dreifarbigen Katze herunter, die noch immer unter seinem Wagen Deckung suchte.

„Wir müssen uns jetzt große Mühe geben und besonders rücksichtsvoll sein, Muzel", erklärte er seiner Katze. „Frauchen muss eine ziemlich große Laus über die Leber gelaufen sein. Und das verheißt gar nichts Gutes." Die Katze lauschte mit gespitzten Ohren dem Wort zum Donnerstagabend. Dann kroch sie vorsichtig unter dem Auto hervor und setzte ihre Inspektion der Einkäufe fort.

Nachdem die Lebensmittel im Kühlschrank und im Küchenbüfett verstaut waren, nachdem die vollen gegen die leeren Getränkekästen ausgetauscht worden waren, schaute Bloch kurz im Wohnzimmer vorbei. Susanne hatte sich im braunen Büffeledersofa niedergelassen.

„Wir bringen eben noch die leeren Kästen bei Kalle vorbei", sagte der Privatdetektiv zu seiner übel gelaunten Assistentin. Susanne sah kurz auf und nickte wortlos. Ein klitzekleiner Hoffnungsschimmer.

„Komm, Muzel! Wir fahren zu Kalle!", rief Bloch seiner Katze zu, als er an der Küche vorbeikam.

Das Wort Kalle übte auf Muzel eine elektrisierende Wirkung aus. Der Vorstellung, an zahlreichen Flaschen und Kästen des Heubacher Getränkehandels schnuppern zu können, konnte sie seit Vollendung ihres ersten Lebensjahres nicht widerstehen. Aufgeregt überholte sie ihr Herrchen und sprang auf der offenen Beifahrerseite ins Auto. Nachdem Bloch hinter dem Steuer Platz genommen hatte, deutete er nach hinten. „Muzel, auf die Rückbank!", befahl er. Die Katze musterte ihn kurz, dann folgte sie seiner Anweisung.

Eine halbe Stunde später kehrten sie zurück. Muzel hatte von Kalle, ihrem Lieblingsfreund, einen in der Mitte geknickten Bierdeckel geschenkt bekommen, den sie nun stolz ins Wohnzimmer brachte. Sie legte ihn Susanne zu Füßen und wartete auf eine entsprechende Würdigung ihrer Großtat, die jedesmal den Abschluss des Besuches bei dem Getränkehändler bildete.

Bloch stand in der offenen Tür. „Du musst sie loben", sagte er. „Sonst ist sie für den Rest der Woche beleidigt." Susanne seufzte. Dann beugte sie sich zu der Katze herunter und streichelte sie an der Wange. Muzel schloss kurz die Augen und miaute, dann schnappte sie sich wieder ihren Bierdeckel und trabte damit in die Küche. Das Ritual war beendet.

„Der bekommt jetzt einen Ehrenplatz neben ihrem Futternapf", sagte Bloch. „Und morgen darf Herrchen die Pappbrösel zusammenkehren." Er stellte seine Bierflasche auf dem schwarzen Couchtisch ab und öffnete sie. „Wenn es nach Muzel ginge, könnten wir jeden Tag zu Kalle fahren", versuchte er Konversation zu machen. Er füllte sein Glas, wartete geduldig, bis sich der Schaum gesetzt hatte und trank es dann in einem Zug aus. „Ist dieser Rechtsverdreher namens Frank Bauer wirklich so ein Arschloch?", fragte er unvermittelt.

Susanne schüttelte den Kopf, ohne aufzusehen. „Der war gar nicht da."

„Täusche ich mich, oder nehmen die Herren immer Reißaus, wenn ein Auftritt von dir bevorsteht? Erst Walter Hansen, nun Frank Bauer." Er hielt inne. „Quatsch, die Theorie ist unhaltbar. Maximilian Haussmann ist nicht vor dir geflohen. Er ist allerdings auch ein Heimatforscher." Mit schalen Witzen wie diesem war Susanne nicht aufzumuntern, das erkannte Bloch sehr schnell. Deshalb ging er zum Grundsätzlichen über. „Hast du Hunger?", fragte er. „Darf ich dich in ein exquisites Restaurant ausführen? Ich habe da neulich einen Eineinhalb-Sterne-Griechen in Reinheim ausfindig gemacht. Sein Soutsoukakia mit Backofenkartoffeln ist wirklich delikat."

Susanne rümpfte die Nase.

„Du kannst dir natürlich auch etwas anderes bestellen", sagte Bloch. „Wollen wir?"

Sie schüttelte den Kopf. „Ich bleibe hier."

„Muzel, stell dir vor, sie hat gesprochen!", rief er. „Sie hat drei Worte gesagt!"

Susanne schnappte sich den Flaschenöffner und ließ kurz darauf einen Kronkorken auf den Couchtisch purzeln. „Ich kann sogar noch mehr sagen: Ich kündige."

Das saß. Bloch plumpste förmlich gegen die weiche Rückenlehne seines Ledersessels. Es dauerte eine Weile, bis er die Sprache wiederfand.

„Susanne!" Seine Stimme klang flehentlich. „Du willst mich im Stich lassen, nach all den Jahren? Nach all den erfolgreichen Ermittlungen?"

Seine Exassistentin winkte ab. „Das ist doch ein absoluter Scheißfall! Die lügen doch alle!" Sie trank einen Schluck direkt aus der Flasche. „Mit solchem Gesocks muss ich mich doch nicht abgeben!"

Bloch beugte sich zu ihr vor. „Wir haben doch schon ganz andere Schwierigkeiten überwunden. Denk doch nur mal an den fiesen Typen, der die Zahl der Kurgäste von Bad König vor drei Jahren nicht unwesentlich dezimiert hat. Das Thermalbad musste damals eine Woche lang geschlossen bleiben. Dagegen ist das doch jetzt ein Klacks."

Susanne schüttelte energisch den Kopf. „Ich kündige. Und zwar fristlos." Sie nahm die letzte Zigarette aus ihrem zerknüllten Päckchen. „Morgen mache ich die Flatter." Sie hatte einige Mühe, ihrem Feuerzeug eine kleine Flamme zu entlocken. Er beobachtete aufmerksam, wie sie fluchend das Metallrädchen malträtierte. Jeder Beistand war in diesem Fall zwecklos.

„Dann bin ich erledigt", sagte Bloch resigniert. „Dann habe ich keine Chance gegen diese raffinierte Schlange namens Hagedorn."

Susanne lächelte bitter. „Willst du mich etwa eifersüchtig machen?"

„Es geht nicht um das Wollen. Es geht um das Können. Das ist der springende Punkt." Er räusperte sich. „Ich verstehe das nicht", sinnierte er. „Heute Morgen warst du noch Feuer und Flamme, als es darum ging, dass wir uns die Hansens mal so richtig vornehmen. Nun gut, da ist uns die blöde Kommissarin Hagedorn in die Quere gekommen. Aber für morgen haben wir uns doch eine Menge vorgenommen." Bloch seufzte. „Und nun wirfst du das Handtuch! Wo es gerade anfängt, interessant zu werden."

„Das glaubst du doch selbst nicht!", widersprach Susanne. „Und außerdem, lass diese verflixte Hagebutte aus dem Spiel! Ich kann den Namen nicht mehr hören. Wegen so einer Polizei-Tussi, die zufällig ganz nett aussieht, mache ich mich doch nicht verrückt."

Bloch wurde hellhörig. „Du verschweigst mir etwas", sagte er leise. „Das spüre ich ganz deutlich in meiner linken Kniescheibe. Und die hat mich noch nie im Stich gelassen."

„Ach, hör doch auf!" Sie drückte ihre erst zur Hälfte gerauchte Zigarette umständlich aus und verbrannte sich dabei fast die Kuppe des Zeigefingers.

„Moment, Moment!" Er war sichtlich von seiner Eingebung fasziniert. „Lass mich raten! Möglichkeit eins: Du bist bei deinem Besuch in Erbach zufällig deinem Exgeliebten über den Weg gelaufen. Wenn ich mich recht entsinne, hieß er August, Armin oder so ähnlich."

Sie verzog das Gesicht. „Andreas", korrigierte sie ihn. „Dein Namensgedächtnis ist wirklich phänomenal."

„Nicht ablenken! Du hast diesen Andreas, der dich damals so schmählich im Stich gelassen hat, getroffen. Oder zumindest gesehen." Bloch trommelte nervös auf der unschuldigen Sessellehne herum. „Aber das ist noch nicht alles! Dieser fiese Typ war nämlich nicht allein im schönen Erbach unterwegs. Nein, nein! Er hat doch tatsächlich die Unverschämtheit besessen – vor deinen Augen, das muss man sich mal vorstellen –, mit der letztjährigen Miss Odenwald spazieren zu gehen. Oder mit einem ähnlichen Kaliber." Er holte erschöpft Luft. „Habe ich Recht?"

Susanne schien diesen Augenblick zu genießen, denn sie ließ sich mit ihrer Antwort Zeit. „Du bist total auf dem Holzweg", antwortete sie schließlich zufrieden. „Total."

Bloch begrub den Kopf in seinen Händen. Dann rappelte er sich langsam wieder auf. Seiner Exassistentin gefiel das Schauspiel zusehends. Sie hatte sich zurückgelehnt und beobachtete belustigt seinen neuerlichen Anlauf. „Möglichkeit zwei", murmelte er versonnen. „Möglichkeit zwei." Er kam nicht recht in Schwung. „Moment, Moment, ich muss mich ein bisschen konzentrieren. Die Gedanken schwirren in meinem Kopf. Sie schwirren und schwirren."

„Dir fällt nichts mehr ein", stellte sie trocken fest.

Er füllte sein Glas. Und trank hastig einen Schluck. „Ich habe es!", rief er plötzlich. „Deine Mutter hat dich angerufen! Genauso muss es gewesen sein. Deine aufdringliche Mutter, die dir überhaupt nicht ähnlich ist. Weder geistig noch körperlich …"

Susanne grinste. „Wo denn? In Erbach? Mitten auf dem Marktplatz?"

Bloch warf ihr einen funkelnden Blick zu. „Erwischt!", rief er. „Du hast es zugegeben. Muzel, ich habe das Geheimnis gelüftet!"

Als sie ihren Namen hörte, kam die Katze aufgeregt angetippelt. Sie maunzte ihr Herrchen an und sprang dann auf die Sessellehne. „Muzel, du kannst jetzt Zeuge einer einzigartigen Enthüllung werden", sagte er voraus.

Susanne sah ihn mit großen Augen an. „Erst gibst du mir bitte eine Zigarette", forderte sie. „Und dann gestehst du ein, dass du soeben völlig übergeschnappt bist."

Er schob ihr sein Päckchen zu. „Irrtum. Ich verfolge eine brennend heiße Spur. Du warst, entweder vor oder nach deinem Besuch in Erbach, in deinem gemütlichen Heim in Wiebelsbach."

Sie stutzte. „Wie kommst du darauf?"

„Du gibst es also zu?"

Susanne zuckte die Achseln. „Was soll ich da groß zugeben? Ja, ich war zu Hause. Ist das etwa verboten? Die Pflanzen brauchten Wasser."

„Die Pflanzen!", kicherte Bloch. „Muzel, hast du jemals eine solch unverschämte Ausrede gehört? Der Mörder war wieder der Gärtner! Dass ich nicht lache." Er kraulte seine Katze. „Ich will dir mal etwas sagen, liebe Susanne. Du hast die ganze Zeit über versucht, uns in die Irre zu führen. Dein Gerede von der fristlosen Kündigung, von diesem ganzen Scheißfall!"

„Das war kein Gerede!", protestierte sie.

Er winkte ab. „Natürlich war es das. Mir hätte gleich klar werden müssen, dass das nur ein billiges Ablenkungsmanöver war. Deine miese Laune hat überhaupt nichts mit dem Mord und den ganzen Ermittlungen zu tun. Da ist etwas ganz anderes im Busch." Er erhob sich vorsichtig, um die inzwischen dösende Muzel nicht zu stören. „Ich gehe jetzt in die Küche und hole Nachschub." Er schnappte sich die leeren Bierflaschen. „Und wenn ich zurückkomme, gestehst du." Er ging zur Tür. „Gut, mit deiner Mutter, da habe ich mich wohl geirrt. Man soll auch nicht immer so auf der Verwandtschaft herumhacken", hörte sie ihn weiterreden. „Aber der Grundgedanke war bestimmt nicht falsch ..." Nun war sein Gebrummel nicht mehr zu verstehen.

Mit Bier, Chips und einem weiteren Päckchen Zigaretten bewaffnet, kehrte er ins Wohnzimmer zurück. Als er die Tüte raschelnd öffnete, schlug Muzel die Augen auf und begann zu quengeln. Das konnte sie ausgesprochen gut.

„Schon gut, schon gut", beruhigte Bloch seine Katze. „Du bekommst ja was davon." Er hielt ihr ein kleineres Chipsstück hin. Muzel schnappte danach und zerkrümelte es genüsslich. Nach dem sechsten Stück war ihr Heißhunger auf Chips gestillt. Mehr nahm sie nie.

„So." Er zündete sich eine Zigarette an. „Ich höre."

Susanne erhob sich und ging zur Vitrine. Sie nahm ein Bierglas heraus. Bloch nickte. „Endlich", sagte er. „Sie wird vernünftig."

Ohne sie ein einziges Mal zu unterbrechen, hörte er sich die unerfreuliche Nachricht von der unerwarteten Verlagsabsage an. Er unterbrach sie nicht, als sie fluchend darauf hinwies, dass das Argument mit dem Urheberrecht garantiert nur vorgeschoben war. Er unterbrach sie auch dann nicht, als sie das reichhaltige Repertoire ihrer druckreifen Schimpfwörter von sich gab und damit alle Verlage, ja den ganzen Buchmarkt inklusive Händler und Käufer zum Teufel jagte. Als sie ihre Brandrede beendet hatte, heulte Susanne hemmungslos. Das beunruhigte sogar Muzel.

Geduldig wartete Bloch, bis sie keine Träne mehr vergießen konnte, weil ihr Vorrat erschöpft war. Auf dem relativ kleinen Couchtisch türmten sich die verbrauchten Papiertaschentücher zu einer imposanten, aber irgendwie bizarren Gebirgslandschaft. Er klinkte den Treteimer unter der Spüle in der Küche aus und ließ Susannes feuchte Hinterlassenschaft darin verschwinden.

„Ich muss erst mal ins Bad", sagte sie mit krächzender Stimme und erhob sich.

Auch an Bloch war Susannes Ausbruch nicht spurlos vorübergegangen. Er holte zwei Kognakschwenker aus der Vitrine und füllte seinen zu einem Viertel mit dem teuersten und edelsten Gesöff, das der gut sortierte Kalle auf Lager hatte.

Nachdem er einen großzügigen Schluck genommen hatte, erschauerte er. „Puh, das war nötig, Muzel!" Er hielt inne. „Hast du auch was gehört?" Rasch erhob er sich und ging zur Badezimmertür. „Hast du gerufen?", fragte er.

„Jaa!" Das Wasser plätscherte munter. „Mach doch die Tür auf, ich kann dich so schlecht verstehen!"

„Auf deine Verantwortung", murmelte Bloch. Er öffnete die Tür einen Spalt breit. „Was ist denn?"

„Ich brauche frische Klamotten. Einen Slip, die schwarze Jogginghose und mein dunkelgrünes Sweatshirt. Wärst du so lieb? Liegt alles oben im Schrank."

Er bejahte. „Soll es ein besonderes Höschen sein?"

„Nein. Sind alle weiß."

Er schloss die Tür und stieg die Treppe hinauf. Muzel folgte ihm auf dem Fuß.

„Ordentliches Mädchen", sagte Bloch, nachdem er den Schrank geöffnet hatte. Fein säuberlich gestapelt, getrennt nach Unterwäsche und Oberbekleidung, hatte Susanne in den vielen freien Fächern das Nötigste für eine dreiwöchige Kreuzfahrt inklusive Landgang verstaut. Dennoch hatte er keine Mühe, die gewünschten Kleidungsstücke zu finden. Muzel schnupperte ausgiebig an den für sie erreichbaren Teilen im Schrank.

„Riecht besser als bei Herrchen, was?" Er stupste seine Katze leicht an, um die Tür schließen zu können. „Jetzt ist es aber genug. Man schnüffelt nicht in fremden Sachen herum. Auch wenn sie noch so aufregend sind."

Mit den verheulten Augen, an denen auch die ausgiebige Dusche kaum etwas hatte ändern können, und dem noch feuchten Haar, das mit seinen abstehenden Spitzen an das Stachelkleid eines Igels erinnerte, sah sie bezaubernd aus.

„Oh, Kognak!" Sie strahlte über ihr gesamtes, noch ziemlich verquollenes Gesicht. „Sowas kann ich jetzt gebrauchen."

Bloch schenkte ihr ein. Er hob sein Glas. „Auf deinen reizenden Kinderbuchverlag!"

„Auf alle verdammten Verlage dieser Erde!", ergänzte sie seinen Trinkspruch.

Er setzte sein Glas behutsam ab. „Die Kündigung ist also zurückgenommen?"

Sie lächelte. „Wenn du einer überaus erfolgreichen Grafikerin noch eine Chance gibst, dann ja."

„Dir gebe ich immer eine Chance." Er räusperte sich. „Kann man noch mal auf dieses Buchprojekt, ich meine diese Illustrationen, zu sprechen kommen? Oder lachst du dann wieder so ungehemmt?"

„Nur zu."

„Wie viele Zeichnungen hast du denn bis jetzt fertig?"

Sie zählte im Geist. „Acht oder neun. Neun", fügte sie dann bestimmt hinzu.

„Neun von wie viel?"

„Kommt darauf an, wie man das mit dem Text arrangiert. Zwölf sollten es laut mündlichem Auftrag mindestens sein. Eher noch ein paar mehr."

Bloch nickte. „Angenommen, deine Theorie mit der Ausrede des Verlages stimmt ..."

„Das ist keine Theorie. Das stimmt hundertprozentig."

Er widersprach ihr nicht. „Gut. Dann müssen sich die noblen Herrschaften ja auch für den Autor eine hübsche Ausrede ausgedacht haben."

„Sicher. Wahrscheinlich behaupten die Dreckskerle, meine Zeichnungen seien hundsmiserabel und keinesfalls für eine Veröffentlichung geeignet oder ich hätte unverhofft festgestellt, dass ich im achten Monat schwanger sei. Mit Rücksicht auf das werdende Leben habe ich deshalb die Arbeit unterbrechen müssen. Aber wenn mein Sprössling erst mal in den Kindergarten gekommen sei, könne ich weiterpinseln."

„Kennst du den Verfasser der Geschichte? Ich meine, der wird doch sicher auch vor Freude an die Decke gesprungen sein."

„Tobias, nein! Was reimst du dir da zusammen? Willst du unbedingt den barmherzigen Samariter spielen?"

„Ich könnte euch einen kleinen Zuschuss ..."

„... in Höhe von ein paar tausend Euro geben. Du spinnst doch!" Susanne deutete auf ihr leeres Glas. „Kann ich noch einen Kleinen haben?"

„Nur nicht so förmlich", sagte Bloch. „Bediene dich ruhig. Ich habe Kalle eine ganze Kiste von dem Zeug abgeluchst."

Sie goss sich nach. „Also, das kannst du vergessen. Ein für allemal, ja? Sonst überlege ich mir das mit der Kündigung ..."

„Um Himmels willen!" Er hob abwehrend die Hände. „Gut, lassen wir das. Aber wenn du nach einiger Zeit deinen Entschluss ändern solltest, sagst du mir Bescheid. Einverstanden?"

Susanne tippte sich an die Stirn. „Diesen Scheißölch gucke ich in den nächsten zwei Jahren nicht mal mit dem Hintern an!"

„Es muss ja nicht der Ölch sein. Wenn du eine andere Idee hast ..."

„Ja, ja. Ich weiß. Du schreibst mir dann eine schöne Geschichte." Sie winkte ab. „Wahrscheinlich von einem im Felsenmeer hinterrücks erdolchten Okapi. Oder etwas in der Preisklasse."

„Man bräuchte doch nur eine kleine Anzeige aufzugeben", sagte Bloch. „Es sitzen doch bestimmt eine Menge Autoren auf ihren unveröffentlichten Manuskripten."

„Tobias, du willst doch nicht, dass ich ausfällig werde?"

„Gott behüte!"

„Lass den armen Kerl aus dem Spiel. Und hör endlich mit diesem blöden Thema auf!"

„Okay." Er deutete auf seinen Bauch. „Ich könnte ein bisschen was vertragen. Du vielleicht auch?"

„Mit diesem Gesicht gehe ich heute nicht mehr vor die Haustür", protestierte sie.

„Ich könnte uns etwas kochen."

„Soll das eine Drohung sein?"

„Meine Lasagne ist im ganzen Odenwald berühmt", sagte Bloch. „Frag Muzel. Sie hat die leckere Hackfleischsoße zum Fressen gern. Außerdem habe ich heute bei meinem Einkaufsbummel zufällig alle erforderlichen Zutaten besorgt."

Sie nickte lächelnd. „Überredet. Aber ich brauche dir nicht zu helfen, ja? Beim Zwiebelschneiden oder anderen ähnlich verantwortungsvollen Tätigkeiten."

„Da kommen doch gar keine Zwiebeln rein. Außerdem mache ich das sowieso lieber allein. Schon wegen des Gelingens."

„Gut. Dann ab in die Küche!", sagte Susanne. „Ich lese inzwischen ein bisschen. Du brauchst mich nur zu rufen, wenn das Essen fertig ist."

Kapitel 11

Weiße Rübe

An diesem Freitagvormittag war die Veste Otzberg, die im nördlichen Odenwald unweit von Wiebelsbach und Heubach hoch oben auf der Kuppe eines ebenmäßigen Basaltkegels thront, beinahe verwaist. Mit einer Höhe von 368 Metern überragt der Otzberg, ein längst erloschener Vulkanschlot aus dem Tertiär, die fruchtbaren Lössflächen des Reinheimer Hügellandes und die Dieburger Bucht. Bereits in vorgeschichtlicher Zeit diente der strategisch bedeutsame Basalthügel als befestigter Höhenring. Und auch die Römer wussten den erloschenen Vulkanstumpf zur Beobachtung der ihn umgebenden weitgehend flachen Landschaft zu nutzen.

Die Burganlage der Veste Otzberg geht auf eine Vogteiburg des Klosters Fulda zurück, die erstmals – hier widersprechen sich die Angaben – entweder 1231 oder 1236 erwähnt wurde. Gegründet wurde die Burg aber bereits um das Jahr 1100 als fuldaischer Amtssitz. Nachdem die Abtei Fulda ihre Besitzung am Otzberg an verschiedene Herrschaften als Lehen vergeben hatte, kam sie Ende des 14. Jahrhunderts in pfälzischen Besitz. Von einigen kurzfristigen Besetzungen und Eroberungen durch Hessen abgesehen, hielten die Pfälzer die Festungsanlage über vierhundert Jahre. Die ursprüngliche Burg mit dem mächtigen Bergfried, dem Hauptturm der Veste Otzberg, wurde im Laufe der Zeit erweitert und immer stärker befestigt. So entstand wahrscheinlich im frühen 15. Jahrhundert der Palas, das Hauptgebäude der Burg, mit seinem charakteristischen steilen Dach. Heute beherbergt der Bau das Museum Otzberg mit seinen Sammlungen zur Volkskunde in Hessen.

Die Errichtung der inneren und der äußeren Ringmauer sowie des Zwingers, des Ganges zwischen diesen beiden Burgmauern, erfolgte schließlich im 16. Jahrhundert. Die Fortschritte bei der Befestigung der Burganlage lassen sich an den Datierungen auf den rechteckig behauenen Steinblöcken der Mauern ablesen. Anfang des 17. Jahrhunderts war der endgültige Ausbau der Veste Otzberg dann vollendet. Mit der Stabilisierung der politischen Kräfteverhältnisse verlor die Burg jedoch ihre militärische und strategische Bedeutung für ihre pfälzischen Besitzer. So diente die Festung ab dem frühen 18. Jahrhundert nur noch als Kaserne für Invaliden und Veteranen. Nachdem Hessen-Darmstadt im Jahre 1803 die Anlage übernommen hatte, wurde aus dem imposanten Bauwerk auf dem ehemaligen Vulkanschlot für einige Jahre ein Gefängnis, bevor 1826 bestimmte Gebäudeteile zum Abriss verkauft und die gesamte Anlage schließlich dem Verfall preisgegeben wurde.

Eine Ausnahme bildete lediglich der fast 17 Meter hohe Bergfried, der zum ältesten Teil der ursprünglichen Gipfelburg auf dem Otzberg gehörte. Die Weiße Rübe, wie der ehemalige Beobachtungsturm wegen seiner Form im Volksmund genannt wird, blieb nämlich von den Plünderungen verschont. Der im Zentrum des ovalen Burgareals gelegene wuchtige Bergfried, der mit seinen 3,5 Meter dicken Mauern den damaligen Anwohnern in Notfällen eine letzte Zufluchtsstätte bot, ermöglicht den heutigen Besuchern bei gutem Wetter einen fantastischen Rundblick über diesen Teil des Odenwaldes, über die umliegenden Dörfer und die

Rhein-Main-Tiefebene bis hin zur Silhouette von Frankfurt und zum Taunus.

Die beiden Besucher waren den steilen Pfad zur Veste Otzberg hinaufgeklettert, sie hatten den Aufstieg mehrmals kurz unterbrechen müssen, um Atem zu schöpfen. Nachdem sie die hölzerne Pforte am Eingang der Burganlage durchschritten hatten – früher war die Festung zusätzlich durch eine Zugbrücke gesichert, von der nur noch die Seilrollen und die Zugbalken am Tor Zeugnis ablegen –, mussten sie enttäuscht feststellen, dass sowohl die rustikale Burgschänke im ehemaligen Kommandantenhaus als auch das nur wenige Meter entfernte Volkskundemuseum im früheren Palas geschlossen waren.

„Schade", sagte er. „Ich hätte nach der Besichtigung gern etwas getrunken und einen Happen gegessen."

„Unten im Ort finden wir bestimmt eine geöffnete Gastwirtschaft", wurde er beruhigt. „Dieser Ortsteil von Otzberg heißt übrigens sinnigerweise Hering." Die beiden Besucher wandten sich nach links. „Sehen Sie nur, wenigstens der Bergfried mit seiner Aussichtsplattform ist geöffnet. Das ist doch die Hauptsache."

Er nickte. „Dann wollen wir mal. Bevor mir endgültig die Puste ausgeht." Der Aufstieg über die engen Holztreppen des fast 17 Meter hohen Hauptturms der Burg war äußerst beschwerlich, aber er lohnte sich allemal.

„Nicht zu glauben!" Er stützte sich mit beiden Händen an der angenehm kühlen Mauer ab und sah über den äußeren Befestigungsring auf die vor ihnen liegende Landschaft. Eine leichte Brise zerzauste sein grau meliertes Haar.

„Na, habe ich Ihnen zu viel versprochen?"

Er schüttelte lächelnd den Kopf. „Nein, wirklich nicht."

„Waren Sie noch nie hier?"

„Doch, schon. Aber das ist etliche Jahre her. Und damals war der Bergfried leider geschlossen. Wegen Renovierung, wenn ich mich recht entsinne. Und von unten, von der Außenmauer aus, kann man nur einen viel kleineren Teil der Umgebung überblicken." Er wiegte den Kopf. „Ich hätte nicht geglaubt, dass man von hier oben aus eine solche Fernsicht hat."

„Kommen Sie, es gibt noch mehr zu sehen. Wir können einen Rundgang machen."

Der obere Teil der Weißen Rübe glich einem runden Schützengraben, in dem gerade mal zwei Personen mit Mühe aneinander vorbeigehen konnten, wenn sie in entgegengesetzter Richtung unterwegs waren. Aber an diesem Vormittag waren sie glücklicherweise die einzigen Besucher, so dass sie in aller Ruhe nach allen Richtungen Ausschau halten konnten.

„Dieser Atommeiler da vorn, ist das Biblis?", fragte er.

„Ganz recht."

„Von hier oben glaubt man, er sei nur wenige hundert Meter entfernt", sagte er. „Dabei müssen das doch etliche Kilometer sein."

„Sind es auch. Aber eine genauere Zahl kann ich Ihnen auch nicht nennen."

„Ist doch nicht wichtig." Er setzte den Rundgang langsam fort, um erfreulichere Anblicke in Augenschein zu nehmen.

„Ich würde gern auf den eigentlichen Anlass unseres Treffens zu sprechen kommen", wurde er unvermittelt in die Wirklichkeit zurückgeholt.

„Bitte, nicht jetzt. Nicht hier oben!" Er drehte sich kurz um. „Das können wir doch später unten im Ort besprechen. Einverstanden?"

„Aber wir müssen unbedingt über Holger Fritjof sprechen. Über seine Nachforschungen. Und über seine Ermordung im Felsenmeer."

Er holte tief Luft. „Eine sehr unerfreuliche Geschichte", murmelte er. „Ja, wir werden darüber reden", fügte er dann knapp hinzu, um dieses Thema zumindest vorübergehend zu beenden.

Er wollte den Rundgang auf der Weißen Rübe gerade fortsetzen, als er einen stechenden Schmerz im Rücken verspürte. Zuerst glaubte er, dieser verfluchte Hexenschuss, mit dem er sich gelegentlich herumplagen musste, habe sich wieder gemeldet. Als sich der Schmerz aber beim zweiten Stich auf den oberen Bereich des Rückens bis zu den Schultern ausdehnte, versuchte er, laut zu schreien.

Mit einem leisen Röcheln sank er auf den kalten Steinboden. Sein graues Jackett war auf der Rückseite blutüberströmt.

Kapitel 12

Hoher Besuch

Susanne hatte die vergangene Nacht augenscheinlich ganz gut überstanden. Als sie gegen halb eins nach unten in die Küche kam, staunte sie nicht schlecht. Der Raum wirkte penibel aufgeräumt, das Geschirr war gespült, die leeren Flaschen waren von einem guten Geist weggeräumt worden. Und auf dem Holztisch erwartete sie ein sorgfältig vorbereitetes Frühstücks- beziehungsweise Mittagsgedeck. Mit frischen Brötchen und Croissants.

„Mein lieber Mann!", sagte sie. „Da hat sich aber jemand Mühe gegeben."

Nur mit Slip und dunkelgrünem Sweatshirt bekleidet, stakste sie auf nackten Sohlen über den Holzfußboden. Auch im Wohnzimmer bot sich ihr das gleiche erfreuliche Bild. Alle Spuren der letzten Nacht waren restlos beseitigt worden. Sogar die Chipskrümel, die Muzel neben ihrem Stammplatz, der Sessellehne, hinterlassen hatte, waren verschwunden. Nachdem sie vergeblich nach Tobias und Muzel gerufen hatte, ging sie schließlich ins Bad.

Susanne bestrich gerade ihr zweites Croissant mit leckerer Sauerkirschmarmelade, als die Haustür geöffnet wurde. Muzel stürmte als Erste in die Küche. Natürlich direkt zu ihrem Futternapf.

„So ein Ausflug macht ganz schön hungrig." Tobias Bloch begrüßte seine Assistentin und kümmerte sich dann um neues Katzenfutter. „Wir waren unten an den Fischteichen", erklärte er beiläufig. „Leider hatten wir unsere Angel vergessen, sonst hätte Muzel endlich mal wieder etwas Anständiges bekommen." Nachdem die Katze versorgt war, ging er zum Kühlschrank, um Kalbsleberwurst und Eiersalat herauszuholen. „Ich darf doch?" Er deutete auf die Brötchen.

„Sicher. Mir reichen die drei Croissants."

„Bist du schon lange auf?" Er nahm sich ein Kümmelbrötchen.

Sie sah zur Küchenuhr. „Seit einer Dreiviertelstunde, schätze ich. Und was hat dich so früh aus den Federn getrieben?"

Bloch zuckte die Achseln. „Weiß ich auch nicht genau. Manchmal habe ich solche Anfälle. Aber glücklicherweise nur manchmal."

„Hast du schon Pläne?"

„Für heute?", fragte er arglos. „Ich dachte eigentlich, wir könnten uns ein verlängertes Wochenende gönnen."

„Und der Fall, an dem wir arbeiten?", fragte Susanne.

Bloch biss in sein Brötchen. „Schon mal was von der 35-Stunden-Woche gehört?", sagte er mit halb vollem Mund. „Und außerdem, ich dachte, du könntest ein bisschen Erholung vertragen. Nach dieser strapaziösen Woche."

„Zu rücksichtsvoll." Sie lehnte sich rekelnd zurück. „Wollten wir uns nicht mit diesen Hansens unterhalten? Du erinnerst dich doch noch an sie?"

Er öffnete das Schälchen mit dem Eiersalat. „Aber das kann doch auch bis Montag warten. Die laufen uns bestimmt nicht weg."

Susanne schüttelte energisch den Kopf. „Lass uns heute nach Höchst fahren", bat sie. „Ich muss etwas unternehmen. Wenn ich hier untätig herumsitze, werde ich nur nervös. Und unzufrieden. Und versaue dir und mir den Tag."

„Also gut." Bloch gab sich geschlagen. „Aber den Samstag und den Sonntag darf ich mir doch freinehmen? Bitte!"

Eine knappe Stunde später hatten sie ihr Ziel erreicht. An der Anmeldung ließ Susanne ihrem Chef bereitwillig den Vortritt.

„Guten Tag, mein Name ist Tobias Bloch. Ich bin Privatdetektiv. Meine Assistentin Susanne Kramer dürften Sie bereits kennen. Könnten wir bitte Herrn und Frau Hansen sprechen? Ich weiß, wir haben keinen Termin." Er lächelte unschuldig. „Aber es ist wirklich sehr wichtig. Ließe es sich vielleicht einrichten ..."

Die Dame am Empfang schüttelte den Kopf. „Bedaure. Frau Hansen musste in einer dringenden Angelegenheit außer Haus." Sie schluckte. „Und Herr Hansen hatte schon heute Vormittag eine wichtige Verabredung und ist ebenfalls nicht in der Firma."

„Wann erwarten Sie ihn denn zurück?", fragte Bloch.

„Tut mir Leid. Das kann ich Ihnen wirklich nicht sagen."

„Und Frau Hansen? Hat sie eine Nachricht hinterlassen? Wissen Sie, wo man sie erreichen kann?"

Die Mitarbeiterin der Höchster Möbelfabrik verlor zusehends die Geduld. „Eigentlich dürfte ich Ihnen darüber keine Auskunft geben." Sie warf ihm einen stechenden Blick zu. „Aber weil Sie es sind", sagte sie sarkastisch. „Fragen Sie doch mal bei der Polizei nach!"

Bloch erstarrte. „Machen Sie Witze?"

„Hören Sie, junger Mann ..." Ihre Stimme hatte einen bedrohlichen Tonfall angenommen.

„Schon gut." Er versuchte zu lächeln. „Die Polizei in Höchst? Ist Frau Hansen dort?"

„Nein. In Erbach. Bei der Kriminalpolizei!"

„Kann ich bitte mal telefonieren?"

Sie nickte. „Direkt neben der Einfahrt zu unserem Firmengelände befindet sich eine öffentliche Telefonzelle." Diese Antwort hatte sie offensichtlich auswendig gelernt. „Sie können sie gar nicht verfehlen."

Manchmal geschehen noch Zeichen und Wunder. In der Zelle befanden sich mehrere Telefonbücher. Aus dem Erbacher Telefonbuch war die Seite mit der Nummer der Kriminalpolizei nicht herausgerissen. Der Apparat funktionierte – und Susanne konnte ihrem Chef das nötige Kleingeld zur Verfügung stellen. Es dauerte eine Weile, bis er endlich mit der Kommissarin verbunden war.

„Frau Hagedorn? Bloch hier."

„Sieh mal einer an! Sie sind aber fix!" Ihre Stimme klang überhaupt nicht freundlich. „Woher wissen Sie eigentlich ...?"

„Ich weiß überhaupt nichts", unterbrach er sie hastig. „Wir sind hier in Höchst. Vor der Möbelfabrik. Eigentlich wollten wir mit Herrn und Frau Hansen sprechen. Die Dame am Empfang war so freundlich, uns zu sagen, dass Frau Hansen dringend zur Kriminalpolizei in Erbach gerufen wurde. Zu Ihnen?"

„Erraten." Sara Hagedorn räusperte sich.

„Was hat das alles zu bedeuten?", fragte Bloch.

„Das lässt sich nicht am Telefon besprechen", antwortete sie resolut. „Hören Sie, ich habe im Moment furchtbar viel um die Ohren. Und überhaupt keine Zeit, um mit Ihnen zu sprechen."

„Können Sie nicht wenigstens ...?"

„Nein. Jetzt nicht." Sie zögerte. „Sind Sie heute Abend zu Hause?"

„Sicher."

„Gut", sagte die Kommissarin. „Ich versuche, bei Ihnen vorbeizukommen. Es kann aber später werden."

„Macht nichts. Ich warte auf jeden Fall."

„Wenn es heute nicht mehr klappt, rufe ich Sie kurz an. Dann sehen wir uns morgen. Ich muss jetzt Schluss machen." Es klickte in der Leitung. Seufzend hängte Bloch den Hörer ein.

„Und?", fragte Susanne. Sie hockte neben der Telefonzelle im kurz gemähten Gras.

Der Privatdetektiv aus Heubach zündete sich eine Zigarette an. „Sie wollte am Telefon nicht mit der Sprache herausrücken. Aber irgendetwas ist da im Busch ..."

„Wäre ich von allein nicht draufgekommen." Susanne erhob sich ächzend. Schnurstracks schlug sie den Weg zum Parkplatz ein.

„Dann bist du sicherlich genauso gespannt wie ich, was uns die liebe Hagebutte heute Abend erzählen wird!", rief er seiner davoneilenden Assistentin nach.

„Wie bitte?" Susanne hielt inne. „Habe ich richtig gehört? Hagebutte, heute Abend?"

Bloch nickte zufrieden. „Wenn sie es schafft, will sie uns noch heute ihre Aufwartung machen."

Sie stampfte mit dem rechten Fuß auf. „Reizend!", murmelte sie. „Wirklich reizend!"

Die Laune seiner Assistentin hatte sich auch am Abend noch nicht gebessert. Obwohl er Susanne nach der Rückkehr aus Höchst einen Umschlag mit dem Honorar für die vergangenen beiden und einige weitere Tage ausgehändigt hatte. Sie hatte das Kuvert nicht einmal geöffnet.

„Ob mich deine Freundin überhaupt dabeihaben will?", fragte Susanne gereizt, als sie in der Küche einen Imbiss einnahmen.

„Was sollte sie dagegen haben?"

„Immerhin habe ich nicht die einzigartige Leistung vollbracht, auf Fritjofs Liste verewigt worden zu sein. Mir traut man nicht einmal einen Mord zu. Obwohl ich mit dem Messer sehr gut umzugehen verstehe."

Bloch kratzte mit seiner Gabel den Rest des Thunfischs aus der Dose. „In deiner Analyse scheint mir ein kleiner Denkfehler verborgen zu sein ..."

„Nur einer?"

„Jedenfalls muss Fritjofs Mörder nicht zwangsläufig auf der Liste stehen. Es könnte sich quasi um einen Seiteneinsteiger handeln."

„Dann habe ich doch noch Chancen?", fragte Susanne.

Der berühmte Privatdetektiv aus Heubach zuckte die Achseln. „Wohl kaum."

Es klingelte.

„O Gott!", stöhnte Susanne. „Ich habe mich ja noch nicht mal fein gemacht für diesen besonderen Anlass! Kann ich denn in diesem schäbigen Aufzug der wilden Schönheit aus Erbach gegenübertreten?"

Tobias Bloch erhob sich. „Hör endlich auf. Du nervst!"

Kurze Zeit später öffnete er der Kommissarin und ihrem Assistenten die Tür und führte die beiden ins Wohnzimmer.

„Möchten Sie etwas trinken?", fragte Bloch. „So wie Sie aussehen ..."

Sara Hagedorn lächelte matt. „Danke für das Kompliment. Ich nehme ein Bier. Und, falls verfügbar, einen kleinen Schnaps. Was, ist mir ziemlich egal. Und Sie, Melzig? Wasser?"

„Bleibt mir ja nichts anderes übrig", antwortete der vollschlanke Assistent der Kommissarin. Man sah es ihm deutlich an, er war Kummer gewöhnt.

Bloch holte einen zweiten schwarzen Beistelltisch unter der Pflanzenbank hervor und verteilte die Gläser. Er schenkte drei Kognaks ein. „Susanne, bringst du bitte aus der Küche Bier und Wasser mit?", rief er seiner Assistentin zu, die ihren Auftritt anscheinend bewusst hinauszögern musste.

„Aber sicher, Schatz!", antwortete sie.

Bloch lächelte gequält. „Sie hat manchmal komische Anwandlungen", erklärte er. „Ich weiß auch nicht, woran das liegt."

Mit einer Grazie, die er ihr überhaupt nicht zugetraut hätte, betrat Susanne das Wohnzimmer. Und dies, obwohl sie einige Flaschen zu schleppen hatte. Nachdem man sich gegenseitig vorgestellt hatte und mit Getränken gut versorgt war, ergriff Sara Hagedorn das Wort. Sie sah ziemlich mitgenommen aus. Ihr blasses Gesicht mit den dunklen Rändern unter den Augen bildete einen eindrucksvollen Kontrast zu ihrem tiefschwarzen Haar.

„Damit erst gar keine Missverständnisse aufkommen", sagte die Kommissarin. „Wo waren Sie beide heute Vormittag?"

Die Frage schien Susanne ausgesprochen gut zu gefallen. Endlich interessierte sich mal jemand für ihr Alibi. „Ich war im Bett", antwortete sie schnell, um Bloch zuvorzukommen. „Allein. Bis gegen halb eins." Sie lächelte und warf ihrem Herrn und Meister einen Seitenblick zu. „Zeugen gibt es dafür keine. Leider. Nicht wahr, Schatz?"

Der Privatdetektiv schloss für einen kurzen Moment die Augen. „Nach dem Aufräumen habe ich mit Muzel einen

Ausflug zu den Fischteichen gemacht." Er deutete aus dem Fenster. „Von hier aus kann man sie nicht sehen, aber sie sind keine fünfhundert Meter entfernt."

„Haben Sie auf Ihrem Spaziergang jemanden getroffen?", fragte Melzig ohne besonderes Interesse.

„O ja. Das haben wir in der Tat. Wir sind am Ufer des vorderen Teichs Herrn Gramlich begegnet. Er führte gerade seinen wunderschönen Collie Störtebeker aus. Fragen Sie mich bitte nicht, wie man einem Collie einen solch idiotischen Namen geben kann. Herr Gramlich wird sich bestimmt an unser Zusammentreffen erinnern, denn es wäre beinahe zu einer folgenschweren Auseinandersetzung zwischen Muzel und Störtebeker gekommen. Komischerweise mag meine Katze nämlich keine Hunde. Nur gut, dass ich noch rechtzeitig dazwischengehen konnte. Sonst säße ich jetzt immer noch beim Tierarzt ..."

Sara Hagedorn winkte ab. „Das reicht." Ihre schwarzen Wimpern zuckten nervös. „Reden wir nicht länger um den heißen Brei herum. Walter Hansen ist heute Morgen ermordet worden."

„Hansen?", rief Susanne erstaunt. „Wieso Hansen?"

„Wer wäre Ihnen denn lieber gewesen?" Die Kommissarin zündete sich eine Zigarette an. Sie blies den Rauch zur Decke, legte die Zigarette im Aschenbecher ab und nahm einen kleinen Schluck Kognak. „Wenn ich jetzt fortfahren dürfte?"

Susanne reckte ihr wohlgeformtes Kinn in die Höhe. „Wir bitten darum."

„Die Tat geschah nach unseren bisherigen Erkenntnissen zwischen zehn und zwölf Uhr. Walter Hansen wurde hinterrücks erstochen. Wie Holger Fritjof. Allerdings wurde er nicht vom Turm gestoßen. Das wäre auch nur schwer zu bewerkstelligen gewesen, angesichts der relativ hohen Außenmauer auf dem engen Aussichtsgang. Und es hätte natürlich einiges Aufsehen erregt, wenn er mitten auf den Innenhof der Burganlage gestürzt wäre."

„Von welcher Burg sprechen Sie?", fragte Bloch.

„Von der Veste Otzberg", antwortete Melzig. „Sie kennen sie wahrscheinlich."

„Sicher", sagte Bloch. „Auf der Weißen Rübe habe ich schon sehr oft gestanden und den sagenhaften Fernblick genossen."

„Weiße Rübe?", fragte Susanne. „Ich denke, es handelt sich um einen Turm?"

Der Privatdetektiv aus Heubach verzog mitleidig das Gesicht. „Diese Wiebelsbacher!", sagte er. „Von Heimatkunde keinen blassen Schimmer. Besagter Aussichtsturm wird wegen seiner Form im Volksmund schon seit Ewigkeiten so genannt. Dass du das noch nie gehört hast ..."

„Danke, Herr Oberlehrer", schnitt ihm Susanne das Wort ab. „Ich habe schon verstanden."

Sara Hagedorn und ihr Assistent sahen sich erschöpft an. „Die Tatwaffe, ein langes Brotmesser mit einem kräftigen dunkelbraunen Holzgriff, hat eine gewisse Ähnlichkeit mit dem Messer, das in Fritjofs Rücken steckte", fuhr die Kommissarin nach der kleinen heimatkundlichen Unterbrechung fort. „Fingerabdrücke wie im ersten Fall natürlich Fehlanzeige."

„Schöne Scheiße", murmelte der Privatdetektiv.

„Sie sagen es." Sara Hagedorn schüttelte nachdenklich den Kopf. „Dass diese Sache solche Ausmaße annehmen würde!"

„Lassen Sie uns doch mal logisch vorgehen", schaltete sich Susanne ein. „Wenn wir zunächst von Fritjofs Liste ausgehen. Wer konnte ein Interesse an der Ermordung Hansens haben?"

Für kurze Zeit wurde es still im Wohnzimmer.

„Holger Fritjof muss bei seinen Nachforschungen auf etwas Greifbares gestoßen sein, das der Mörder oder die Mörderin unbedingt verschleiern musste", sagte Bloch. „Wenn wir von dieser Prämisse ausgehen, muss auch Hansen etwas in dieser Angelegenheit gewusst haben. Entweder hat er es direkt von Fritjof erfahren oder es war ihm aufgrund seiner früheren Kontakte zu Angelika Küster bekannt." Er sah sich in der Runde um. „Kann man dem halbwegs folgen? Ich meine, ist das auch nicht zu sehr an den Haaren herbeigezogen?"

„Klingt nicht unlogisch." Melzig nahm den Faden auf. In schweren Stunden wie diesen mussten Männer einfach zusammenhalten. „Die einzige bisher erkennbare Verbindung zwischen den beiden Ermordeten ist eindeutig Frau Küster. Ich glaube aber, dass wir in dieser Hinsicht bis jetzt einen Fehler gemacht haben. Na gut, Fehler würde ich es nicht direkt nennen. Aber wir haben uns – und Sie wahrscheinlich auch, Herr Bloch – zu sehr auf Frau Küsters Autounfall konzentriert. Vielmehr auf die Frage, ob damals alles mit rechten Dingen zugegangen ist. Das muss aber unter Umständen gar nicht das Entscheidende gewesen sein. Es wäre doch möglich, dass Frau Küster etwas erfahren und an einen ihrer Liebhaber oder an beide – nacheinander, versteht sich – weitergegeben hat."

Susanne schien an dieser Theorie Gefallen zu finden. „Daran würde sich folgende Frage anschließen: Weiß sonst noch jemand von dieser brisanten Sache, die immerhin schon zwei Menschenleben gefordert hat? Denn wenn es einen weiteren Mitwisser geben sollte, könnte auch er in großer Gefahr schweben!"

Sara Hagedorn stöhnte. „Müssen Sie den Teufel an die Wand malen?", sagte sie. Als Susanne ihre Schlussfolgerung verteidigen wollte, winkte die Kommissarin ab. „Schon gut. Sie könnten Recht haben", gab sie nach. Blochs Assistentin lehnte sich zufrieden zurück.

„Wie hat eigentlich Frau Hansen auf die Ermordung ihres Mannes reagiert?", fragte der Privatdetektiv. „Und vor allen Dingen: Hat sie ein glaubhaftes Alibi?"

„Sieht ganz so aus", antwortete Sara Hagedorn. „Sie war den ganzen Vormittag über in der Firma. Dafür soll es etliche Zeugen geben. Und wie sie reagiert hat? Entschuldigen Sie, das ist eine ziemlich blöde Frage. Natürlich war sie fix und fertig. Wir mussten sogar den Arzt holen."

„Das hat gar nichts zu bedeuten. Wenn sie ein wenig Talent zur Schauspielerei mitbringt, dürfte es ihr nicht schwer fallen, die trauernde Witwe zu spielen", widersprach Bloch. „Und das mit dem Alibi könnte sich als fadenscheinig erweisen. Natürlich wird sie der eine oder andere Mitarbeiter im Laufe des Vormittags gesehen haben. Aber das heißt doch noch lange nicht, dass sie die ganze Zeit über in der Möbelfabrik war."

„Von Höchst zur Veste Otzberg und zurück, inklusive Besichtigung und Ermordung – das dauert schon eine Weile", gab Melzig zu bedenken.

Bloch verzog das Gesicht. „Das ist mir auch klar. Aber es muss ja nicht jeder Mitarbeiter, der seine Chefin in der fraglichen Zeit gesehen haben will, die reine Wahrheit sagen."

„Überzeugt mich nicht gerade", antwortete der Assistent der Kommissarin unbeeindruckt. So viel zum Thema Zusammenhalt unter Männern.

Bevor sich die beiden allzu sehr an dieser Sache festbeißen konnten, unternahm Susanne einen Vermittlungsversuch. „Sie müssen sich auf dieses absurde Spiel von Tobias gar nicht einlassen, Herr Melzig. Das ist verschwendete Energie. Es ist alles ganz einfach: Mein Chef hat es sich seit einiger Zeit in den Kopf gesetzt, Marianne Hansen etwas anzuhängen. Er hält sie für mindestens genauso verdächtig wie die Personen auf Fritjofs Liste. Deshalb ist es nicht weiter verwunderlich, dass er nun die Gelegenheit beim Schopfe ergreift und ihr einen hinterhältigen Gattenmord in die Schuhe schieben will. In seiner – um es vorsichtig auszudrücken – etwas eingeschränkten Sichtweise mag das sogar plausibel sein. Aber wir, die wir den Sinn für die Realität nicht verloren haben, wissen natürlich ..."

„Susanne!", schnauzte Bloch. „Halte dich zurück!"

Sie warf ihm einen schnippischen Seitenblick zu. „Manchmal kann er die Wahrheit partout nicht vertragen", sagte sie an die beiden Besucher von der Kriminalpolizei gewandt.

Sara Hagedorn leerte ihr Bierglas. Sie gähnte herzhaft. „Einigen wir uns auf einen Kompromiss. Wir dürfen Frau Hansen nicht völlig außen vor lassen, aber wir sollten sie auch nicht unbedingt zur Hauptverdächtigen machen. Das hört sich doch ganz vernünftig an, oder?"

„Für Sie vielleicht", brummte der Privatdetektiv beleidigt. Er zerknüllte sein leeres Zigarettenpäckchen, was gar nicht so einfach war. „Für mich steht jedenfalls eines fest. Unabhängig von der lieben und ach so unschuldigen Frau Hansen. Eine ganze Menge Leute auf der Liste haben bisher gelogen oder nicht alles gesagt, was sie wissen. Das fing bei Walter Hansen an und hört möglicherweise bei Torsten Finke, dem vermeintlich harmlosen Lokalredakteur, auf. Dazwischen finden sich so dubiose Gesellen wie der Heimatforscher und die Buchhändlerin. Und diese Tanja, die würde ich mir zu gern mal vorknöpfen ..."

„Jetzt holt er zum Rundumschlag aus", sagte Susanne. „Ist eben alles ein bisschen viel für ihn gewesen in der letzten Zeit."

„Mir geht es ähnlich", bemerkte die Kommissarin. Diese Gemeinsamkeit hatte Susanne wirklich nicht heraufbeschwören wollen. „Es ist wohl am besten, wenn wir jetzt Schluss machen. Kommt doch kaum noch etwas Vernünftiges dabei heraus."

Ihr Assistent erhob sich ächzend. „Immerhin haben Herr Bloch und ich eine nicht ganz uninteressante Theorie entwickelt. Das ist doch auch schon was." Er ging langsam zur Tür.

„Moment noch, Melzig!", stoppte ihn die Kommissarin. „Ich nehme noch einen kleinen Kognak für den Nachhauseweg. Dann können wir fahren." Der vollschlanke Assistent lehnte sich seufzend an den Türrahmen.

Kapitel 13

Alleingang

Ein klägliches Miauen riss Susanne aus ihren schönen Träumen. Denn es war ihr gerade mit einer raffiniert angelegten Beweisführung gelungen, die gerissene Mörderin von Holger Fritjof und Walter Hansen zu entlarven. Die hinterlistige Täterin, die schließlich sogar dazu gezwungen war, ihren Assistenten auf unschöne Art und Weise aus dem Weg zu räumen (er verbrannte jämmerlich im Holzofen der einzigen Heubacher Pizzeria), hörte auf den lächerlichen Vornamen Sara. Sie hatte sich die Haare in einem roten Ton gefärbt, der eindeutig an Hagebutten erinnerte. Susanne heimste gerade den Beifall von Kriminalpolizei, Staatsanwaltschaft, Medien und von ihrem entzückten Chef Tobias Bloch ein, als Muzel ihren süßen Wunschvorstellungen ein abruptes und unverdientes Ende bereitete.

„Blöde Katze!", murmelte Susanne schlaftrunken. Sie richtete sich mühsam auf. „Was ist denn los?"

Gute Frage.

Muzel maunzte herzergreifend, drehte sich mit hoch gerecktem Schwanz zur Tür und trippelte langsam darauf zu.

„Verstehe. Herrchen hat das Zeitliche gesegnet." Verärgert schob sie die Bettdecke beiseite. „Kein Wunder, bei dem Lebenswandel. Und ich soll dich jetzt adoptieren, was?" Sie schlurfte hinter der Katze her, die ihr den Weg in die Küche wies. „Eines ist mal klar", sagte Susanne. „Ich werde mich nur dann um dich kümmern, wenn er mir alles vermacht hat.

Alles. Sein Haus, sein Auto und sein gesamtes Vermögen. Nur dann!"

Sie öffnete, von Muzel eifrig bedrängt, eine neue Büchse Katzenfutter, ohne dem Etikett die geringste Beachtung zu schenken. Dann füllte sie die Häppchen in den leeren Napf. Die Katze schlabberte und kaute mit Feuereifer. „Das wäre es also erst mal, ja? Darf ich mich wieder zurückziehen und noch ein bisschen weiterträumen? Die grausame Hinrichtung der teuflischen Hagebutte fehlt mir nämlich noch." Sie hielt inne. „Unsinn! Als verantwortungsvolle Erbschleicherin muss ich es auch richtig machen. Ich habe das Trockenfutter vergessen!" Auf dem Rückweg zum Küchenbüfett wäre sie beinahe mit der Hüfte gegen den Holztisch geschrammt. Ihr Blick fiel auf den mit Blochs Handschrift beschriebenen Zettel.

Bin in Michelstadt. Buchhändlerin und Heimatforscher. Kann später werden.

„Dreckskerl!" Der spitze Schrei ließ selbst Muzel für kurze Zeit ihre schmackhafte Mahlzeit vergessen. Sie beobachtete die Frauchen-Anwärterin, die ihre Sache bisher gar nicht schlecht gemacht hatte. Jetzt aber trommelte diese Dosenöffnerin wütend auf den Küchentisch, dass die Gläser und Holzbrettchen scheppernd tanzten.

Adieu, leckeres Trockenfutter!

Es dauerte seine Zeit, bis Susanne den ersten Ärger überwunden hatte. „Lässt mich hier einfach sitzen, der Dreckskerl! Fährt seelenruhig nach Michelstadt, ohne mir ein Sterbenswörtchen zu sagen. Verfluchter Hurensohn! Das wirst du mir büßen!" In ihrer Erregung schnappte sie sich den erstbesten verklebten Kognakschwenker, der von der gestrigen Nacht übrig geblieben war. Das mit viel Schwung geworfene Glas zersprang auf dem harten Holzfußboden in unzählige bizarre Einzelteile. Muzel reckte kurz den Kopf und besah sich den Schaden. Dann floh sie in Windeseile ins Wohnzimmer. Durch die geöffnete Terrassentür gelangte sie ins Freie.

Susanne hatte sich inzwischen wieder einigermaßen im Griff. Vorsichtig umkurvte sie die Glassplitter und bahnte sich einen Weg zum Küchenbüfett. Der rechten Schublade entnahm sie ein neues Päckchen Zigaretten und ein Feuerzeug. „Na schön, du hast es nicht anders gewollt! Dann muss ich es eben auf eigene Faust versuchen." Sie stutzte. „Wer bleibt eigentlich noch übrig? Tanja, Torsten Finke ..." Der in ihr aufgestiegene Enthusiasmus erhielt einen kleinen Dämpfer. „Immer hübsch der Reihe nach. Torsten Finke ... Nein, so geht es nicht! Marianne Hansen. Hmm, schon besser. Und dann vielleicht dieser Schmierfink!"

So nahm die Gattin des ermordeten Möbelfabrikanten wegen fehlender Alternativen den Spitzenplatz auf Susannes nicht sehr langer Prioritätenliste ein.

In einer dem Masochismus nicht unähnlichen Anwandlung duschte sich die Assistentin des ungeliebten Heubacher Privatdetektivs abwechselnd mit heißem und kaltem Wasser ab. Nach dieser Radikalkur war ihr Zorn verraucht. Eine karge Mahlzeit, die lediglich aus starkem, ungesüßtem Kaffee und drei weiteren Zigaretten bestand, gab ihr die nötige Kraft für ihre schwere Mission. Im Telefonbuch suchte sie nach der Privatadresse der Fabrikantenwitwe. Dann fuhr sie in ihrem Fiat los.

An den Gemütszustand seiner Assistentin verschwendete Tobias Bloch auf seinem Gang durch die Michelstädter Altstadt kaum einen Gedanken. Schließlich hatte Susanne ihn gestern Abend vor den beiden Kriminalbeamten ziemlich alt aussehen lassen. Ihre schnippischen Bemerkungen über seine angeblich eingeschränkte Sichtweise der Dinge, ihre Versuche, seinen sehr wohl begründeten Verdacht in Bezug auf Marianne Hansen lächerlich zu machen, hatten den Ausschlag für seine Entscheidung gegeben, vorläufig allein weiterzuermitteln.

Hast du dir selbst zuzuschreiben, du dumme Pute, hatte er an diesem Morgen mehrfach gedacht, als er auf Zehenspitzen durchs Haus geschlichen war, um sie um Himmels willen nicht aufzuwecken. Das anschließende Abfassen der kurzen Notiz hatte Bloch große Freude bereitet.

Das alles war nun aber längst Geschichte, jetzt galt es, den Dingen auf den Grund zu gehen. Nach einigen kleineren Umwegen erreichte er schließlich die gesuchte Buchhandlung. Am Samstagvormittag herrschte in dem Laden geschäftiges Treiben. Soll bloß noch mal einer behaupten, im Odenwald sei die Zahl der Analphabeten überdurchschnittlich hoch, dachte der Privatdetektiv grinsend.

Es war nicht ganz einfach, in dem Gewimmel bis zur Ladentheke vorzudringen. Eine junge Frau mit grell orangefarbenen Strähnen im ansonsten brünetten Haar und ein südländisch wirkender Beau mit markanter Brustbehaarung und imposantem Pferdeschwanz hatten alle Hände voll zu tun. Bloch entschied sich instinktiv für die Frau. Als sie gerade einer Kundin eine Tüte mit Büchern ausgehändigt hatte, nutzte er seine Chance.

„Entschuldigung. Ich möchte bitte Frau Tarricone sprechen." Er lächelte vielsagend. „Privat."

Sie zeigte mit dem Daumen über ihre Schulter. „Ist, glaube ich, hinten."

„Danke."

Das war selbst im Odenwald eine Seltenheit. Eine Italienerin mit kurzem flachsblondem Haar und herrlich blauen Augen. Bloch zuckte unwillkürlich zusammen, als er sie durch die offene Tür ihres Büros zum ersten Mal sah.

Er klopfte artig gegen den hölzernen Türrahmen. „Frau Tarricone, kann ich Sie bitte kurz sprechen?"

Ihr zunächst strenger Blick wurde sanftmütiger, nachdem sie seine Erscheinung von oben bis unten gemustert hatte. „Schließen Sie bitte die Tür. Da draußen ist es furchtbar laut." Das stimmte zwar nicht ganz, aber es war Bloch trotzdem lieber so.

Er stellte sich in seiner Eigenschaft als Privatdetektiv vor.

„Ja, ja." Sie nickte wissend. „Ihre Assistentin war vor kurzem hier. Ich darf Ihnen ja leider keine Vorschriften machen ..."

„Für Anregungen bin ich immer dankbar."

„Sie sollten bei der Auswahl Ihrer Mitarbeiter vielleicht ein bisschen sorgfältiger vorgehen. Die junge Dame schien mir doch ein wenig zickig zu sein. Ständig hat sie mich unterbrochen. Ich hatte am Ende fast den Eindruck, als würde sie mir nicht glauben." Sie stand hinter ihrem Schreibtisch auf und ließ ihm genügend Zeit, ihre teure und sehr geschmackvolle Garderobe zu bewundern.

Hast dich ganz gut gehalten, dafür dass du etwa in meinem Alter bist, dachte Bloch anerkennend. Laut aber sagte er: „Ja, Frau Kramer kann manchmal – vorsichtig ausgedrückt – ziemlich eigenwillig sein. Ich selbst durfte erst gestern Abend wieder diese Erfahrung machen."

Sie beugte sich elegant zu einem Buchenschränkchen herunter und zauberte eine Flasche und zwei Gläser hervor. „Sie nehmen doch auch ein Schlückchen?" Er nickte mit dankbarer Miene, obwohl er für süße Fruchtliköre noch nie zu haben war. Nachdem Franca Tarricone ihnen eingeschenkt hatte, prosteten sie sich lächelnd zu und nippten an ihren Gläsern. Schmeckte scheußlich, das Zeug.

„Sie wissen, dass Walter Hansen ermordet wurde?", fragte der Privatdetektiv. Er bot ihr eine Zigarette an. Sie zierte sich ein wenig. „Eigentlich habe ich es mir ja längst abgewöhnt. Aber wenn ich so galant gefragt werde." Mit zwei langen weinroten Fingernägeln zog sie eine Zigarette heraus. Er gab ihr Feuer. Und steckte sich dann selbst eine an, um den süßlichen Likörgeschmack zu vertreiben.

„Ja, ja, ich habe davon gehört." Sie kam ohne Umschweife auf seine Eingangsfrage zurück. „Die Polizei hat mich angerufen. Noch gestern." Sie machte eine Kunstpause. „Stellen Sie sich vor, ich soll am Montag nach Erbach in die Polizeidirektion kommen. Wollen die mich etwa verhören?"

Bloch zuckte die Achseln. „Verhören würde ich das nicht gerade nennen. Sonst würden sie nicht bis Montag warten. Frau Hagedorn wird Ihnen lediglich ein paar Routinefragen stellen, nehme ich an."

„Sie kennen diese Schlange?"

„Und ob. Mir ist sie gestern schon auf die Pelle gerückt. Mitten in der Nacht ist sie mit ihrem Assistenten in meinem Haus aufgekreuzt."

Diese Nachricht schien Franca Tarricone zu gefallen. „Und? Werden Sie verdächtigt? Haben Sie ein Alibi?"

„Na ja, ob ich diese misstrauische Kommissarin vollends überzeugen konnte, wage ich zu bezweifeln", antwortete er ausweichend. „Und ein lückenloses Alibi habe ich auch nicht."

Sie nippte an ihrem Glas. „Kannten Sie Walter Hansen?"

„Nein", log Bloch. Der Verlauf, den die Unterhaltung inzwischen genommen hatte, gefiel ihm überhaupt nicht mehr. „Und Sie?" Er ging relativ plump zum Gegenangriff über.

„Hatte auch nie das Vergnügen." Mit ihren langen Fingernägeln war es gar nicht so einfach, einer Zigarette den Garaus zu machen. „Aber ich habe viel von ihm gehört."

„Meine Assistentin hat mir davon erzählt."

„Hoffentlich auch vollständig und präzise?", fragte sie argwöhnisch.

„Ich denke schon. Sie hat zwar sicherlich eine Menge Schwächen, aber ihr Gedächtnis funktioniert in der Regel ganz gut."

„Sie Optimist!" Franca Tarricone beugte sich etwas näher zu ihm vor. „Jedenfalls hätte ich mich nicht gewundert, wenn Hansen schon früher etwas zugestoßen wäre", sagte sie in vertraulichem Tonfall. „Sie verstehen, was ich meine?"

„Nicht ganz, ehrlich gesagt."

„Kommen Sie, Herr Bloch, Sie haben doch Erfahrung! Sie haben doch sicherlich schon eine ganze Menge schmutziger Sachen erlebt?"

„Manchmal war es gewiss nicht leicht", sagte er seufzend.

„Na also! Und wieso stehen Sie dann jetzt, wie sagt man bei Ihnen ...?"

„... auf der Leitung", ergänzte Bloch kleinlaut.

„Richtig! Auf der Leitung. Mittendrauf. Also, es hätte mich kein bisschen gewundert, wenn Walter Hansen von Holger Fritjof umgebracht worden wäre. Wegen seiner Beziehung zu Frau Küster. Und wegen seines schäbigen Verhaltens meiner Freundin gegenüber. Aber wer ihm jetzt – nachdem Fritjof selbst ermordet wurde – an den Kragen wollte, das ist mir, offen gestanden, ein Rätsel."

Bloch leerte sein Glas in einem Zug. War auch kein Problem, bei dem Fingerhut.

„Möchten Sie noch einen?", fragte die zuvorkommende Gastgeberin.

„Danke, das ist furchtbar nett von Ihnen." Er hob abwehrend die Hände. „Schmeckt wirklich köstlich. Aber ich muss leider noch fahren."

„Kommen Sie, mir können Sie doch nichts vormachen", sagte sie mit einem herrlichen Augenzwinkern. „Einen Kleinen können wir beide noch vertragen."

Angesichts ihres Charmes war jeder Widerstand zwecklos.

Dann verpesten wir aber auch noch ordentlich deine Bude, dachte Bloch und bot ihr eine weitere Zigarette an. Nachdem sie sich bedient hatte, fragte er: „Kennen Sie außer Angelika Küster und Holger Fritjof noch jemanden von der Liste des Ermordeten?"

Die flachsblonde Buchhändlerin lächelte verzückt. „Sie natürlich! Aber leider habe ich erst jetzt das Vergnügen!"

„Und sonst niemanden?"

Sie schüttelte den Kopf.

„Mit dem Vornamen Tanja können Sie nichts anfangen?", fragte der Privatdetektiv.

„Wissen Sie, darüber habe ich mir auch schon den Kopf zerbrochen. Aber mir ist leider niemand eingefallen. Nein, ich kenne keine Tanja."

„Könnte es sich um eine Bekannte oder Freundin von Angelika Küster handeln?"

Franca Tarricone zuckte die Achseln. „Wenn es eine gute Freundin gewesen wäre, müsste mir der Name eigentlich geläufig sein. Aber wenn es sich nur um eine flüchtige Bekanntschaft gehandelt hat, ist es gut möglich, dass Angelika sie nicht erwähnt hat." Sie zog an ihrer Zigarette. „Aber sehr überzeugend ist diese Spur wohl nicht."

„Nein", gestand Bloch ein. „Aber ich muss alle Möglichkeiten durchgehen. Es ist natürlich auch denkbar, dass es eine Freundin von Holger Fritjof oder von Walter Hansen war. Um nur zwei Beispiele zu nennen. Ob wir jemals erfahren, um welche Person es sich bei dieser Tanja handelt, steht in den Sternen."

Sie nickte. „Nicht ganz einfach, Ihre Arbeit", sagte sie. „Man vermutet und spekuliert. Wissen Sie, auf welche bescheidene Theorie ich gestoßen bin? Sie dürfen aber nicht gleich lachen ..."

„Erzählen Sie ruhig. Vielleicht hilft es mir ja weiter."

„Ich glaube nicht, dass für die beiden Morde ein und derselbe Täter verantwortlich ist." Sie hob die rechte Hand. „Nein, widersprechen Sie mir nicht!"

„Tue ich doch gar nicht", verteidigte sich der Privatdetektiv.

„Meiner Meinung nach", fuhr die Buchhändlerin fort, „bestand zwischen Fritjof und Hansen ein gespanntes Verhältnis. Spätestens, nachdem Fritjof erfahren hat, dass Angelika die Beziehung zu ihrem früheren Chef beenden, nun ja, zumindest vorübergehend ruhen lassen würde. Als sie dann diesen schrecklichen Unfall hatte – wenn es denn nur ein Unfall war –, ist Fritjof völlig ausgerastet. Er hat Hansen mit Vorwürfen konfrontiert. Er hat ihn vielleicht sogar des Mordes beschuldigt. Und er konnte dies möglicherweise sogar beweisen oder hatte zumindest verdächtige Anhaltspunkte. Was ergibt sich daraus?"

„Sie glauben, dass Walter Hansen Fritjof umgebracht hat?"

„Genau das, mein lieber Freund. Wenn ich mir diese intime Anrede erlauben darf." Franca Tarricone kniff ihre blauen

Augen zusammen. „Folglich kann es sich gar nicht um einen einzigen Täter gehandelt haben."

Der Privatdetektiv nickte. „Und wer ist dann Ihrer Meinung nach für Hansens Tod verantwortlich?"

„Wenn man das nur wüsste!", sagte sie. „Manchmal glaube ich fast, dass Hansens Mörder gar nicht auf dieser Liste steht."

„Daran habe ich auch schon gedacht", murmelte Bloch. „Aber diese Person müsste eigentlich in irgendeinem Zusammenhang zu den Leuten auf Fritjofs Liste stehen."

Es platzte fast aus ihr heraus: „Marianne Hansen?"

Bloch klopfte sich mit der flachen Hand auf den Oberschenkel. „Das ist vielleicht der springende Punkt ... Das könnte des Rätsels Lösung sein." Sie sahen sich schweigend an. „Meine verehrte Assistentin und die Polizei halten allerdings nicht sehr viel von dieser Theorie", erklärte der Privatdetektiv dann.

„Das muss Sie doch nicht kümmern!"

„Tut es auch nicht, keine Sorge. Aber ich will mich trotzdem nicht allein darauf versteifen. Ich habe das im Hinterkopf, dessen können Sie sicher sein. Und ich weiß auch ziemlich genau, dass Frau Hansen nicht alles preisgegeben hat. Dass sie womöglich sogar gelogen hat. Aber ich muss mich auch um die verbliebenen Herrschaften auf der Liste kümmern." Er erhob sich und reichte ihr die Hand. „Unsere Unterhaltung hat mir einige wertvolle Hinweise gegeben. Ich danke Ihnen sehr."

„Es muss ja nicht die letzte gewesen sein, Herr Bloch." Sie schenkte ihm ein strahlendes Lächeln. „Vielleicht ergibt sich schon bald die Gelegenheit. Zum Beispiel, wenn wir Ihren Sieg feiern dürfen."

„Meinen Sieg?", fragte Bloch verwirrt.

„Ihren Erfolg. Seien Sie doch nicht so bescheiden! Ich spreche von dem Erfolg Ihrer Ermittlungen, ist das so schwer zu verstehen?" Franca Tarricone begleitete ihn bis zum Eingang ihrer Buchhandlung. „Sie können mich ja mal wieder anrufen oder besuchen", sagte sie zum Abschied. „Nicht nur, wenn Sie etwas Neues herausbekommen haben."

Kapitel 14

Tanja

Die Frau, über die sich Tobias Bloch und die flachsblonde italienische Buchhändlerin so angeregt unterhalten hatten, empfing Susanne in dem weitläufigen Wohnzimmer ihrer Villa außerhalb von Höchst. Die Assistentin des Privatdetektivs hatte sich bei einer förmlich auftretenden Hausangestellten angemeldet und war nach erfreulich kurzer Zeit zu der Hausherrin vorgelassen worden.

Als Susanne den großen Raum betrat, der von kalten weißen Rauputzwänden und Mahagonimöbeln dominiert wurde, deutete Marianne Hansen auf das ihrem Sessel gegenüberstehende Ledersofa. „Möchten Sie auch einen Tee?", fragte sie teilnahmslos.

Susanne, die ihren Kreislauf erst vor kurzem mit starkem Kaffee stimuliert hatte, lehnte dankend ab.

„Etwas anderes? Kaffee, Saft, Wasser?" Marianne Hansen trug einen schwarzen Morgenmantel, der mit hellgrünen Streifen verziert war. Sie wirkte apathisch und schien sich im Zeitlupentempo zu bewegen. Offensichtlich stand sie unter dem Einfluss von Beruhigungsmitteln.

„Nein danke. Im Moment möchte ich gar nichts." Susanne rutschte auf dem angenehm kühlen Sofa nach hinten. „Es ist sehr freundlich von Ihnen, dass Sie etwas Zeit für mich haben. Ich weiß, dass dies nicht leicht für Sie ist. So kurz nach dem tragischen Ereignis."

Marianne Hansen starrte sie die ganze Zeit über an. „Stellen Sie Ihre Fragen", sagte sie in gleichgültigem Tonfall.

Susanne nickte unsicher. „Frau Hansen, wissen Sie, wer Ihren Mann umgebracht hat? Haben Sie einen bestimmten Verdacht?"

Sie strich ihren Morgenmantel über den Knien glatt. „Nein", antwortete sie dann. Susanne war sich nicht sicher, ob sie dieser knappen Aussage noch etwas hinzufügen wollte, und wartete deshalb einige Sekunden lang mit ihrer nächsten Frage. Aber Frau Hansen schwieg.

„Wussten Sie, dass Ihr Mann gestern Vormittag eine Verabredung hatte? Hat er Ihnen gesagt, mit wem er sich treffen wollte? Und hat er den Ort der Zusammenkunft genannt?"

„Ich wusste nicht einmal, dass er die Firma verlassen hatte. Erst als die Polizei anrief, habe ich es erfahren."

Susanne stutzte. „Er hat Sie nicht informiert?"

„Er hat seiner Sekretärin Bescheid gesagt. Wenn ein wichtiger geschäftlicher Anruf für ihn gekommen wäre, hätte sie diesen zu mir durchgestellt. Behauptete sie jedenfalls später. Aber ich bin mir da keineswegs sicher ..."

Susanne bot ihr eine Zigarette an. Aber Marianne Hansen registrierte das ihr entgegengestreckte Päckchen nicht einmal. Deshalb legte Blochs Assistentin es schnell auf den Tisch zurück. „Bei unserem ersten Gespräch haben Sie behauptet, Ihr Mann würde Holger Fritjof überhaupt nicht kennen. Und er wüsste nicht, wie er auf dessen Liste gekommen sei. Ist das wirklich wahr?"

Frau Hansen ließ sich mit der Antwort Zeit. „Natürlich nicht", sagte sie dann desinteressiert.

„Wussten Sie von seinem Verhältnis zu Angelika Küster, einer früheren Anstellten Ihrer Firma?", fragte Susanne.

„Verhältnis, Verhältnis", murmelte sie. „Das klingt so kalt und geschäftsmäßig. Ja, ich wusste davon. Er hat sich keine sonderliche Mühe gegeben, die Beziehung vor mir zu verheimlichen."

"Dann verstehe ich nicht, wieso Sie meinen Chef damit beauftragt haben, Ihren Mann zu überwachen. Wenn Sie doch bereits wussten ..."

"Ich wollte Einzelheiten", antwortete Marianne Hansen. "Walter war in dieser Hinsicht nicht sehr auskunftsfreudig. Er hat keine meiner Fragen beantwortet."

"Und diese Details sollte Herr Bloch in nur einer Woche ermitteln?", fragte Susanne ungläubig.

Frau Hansen lächelte matt. "Ich musste die Beschattung leider frühzeitig abblasen. Walter hatte davon Wind bekommen, dass er von Ihrem Chef verfolgt wurde."

Susanne spürte, wie eine unangenehme Wärme in ihr aufstieg. "Ihr Mann hat bemerkt, dass Herr Bloch ihn beschattete?" Sie errötete. "Ach du Scheiße!" Susanne sah verlegen zu Boden. "Entschuldigen Sie bitte. Ich habe mich wohl im Ton vergriffen."

Die Frau des Möbelfabrikanten ignorierte ihre Bemerkung. "Ich kenne mich in diesen Sachen nicht besonders gut aus. Aber man wird wahrscheinlich feststellen können, dass Ihr Chef sich bei der Überwachung meines Mannes nicht gerade mit Ruhm bekleckert hat", sagte sie.

Susanne nickte betreten. "Wusste Ihr Mann, von wem er beschattet wurde? Hat er den Namen meines Chefs genannt?"

"Nein." Sie schüttelte leicht den Kopf. "Er hat mich nur auf ziemlich unhöfliche Art und Weise gebeten, dieses, wie er es nannte, saublöde Spiel zu beenden. Ob er tatsächlich wusste, dass es sich bei dem von mir beauftragten Privatdetektiv um Herrn Bloch handelte, kann ich nicht mit Sicherheit sagen. Denn mir gegenüber hat Walter keinen Namen genannt. Aber ich nehme es an."

Susanne holte tief Luft. „Das könnte eine Erklärung für das Auftauchen von Herrn Bloch auf Fritjofs Liste sein", murmelte sie. „Falls Ihr Mann dem Rechtsanwalt gegenüber seinen Namen erwähnt hat …"

Marianne Hansen schienen Spekulationen dieser Art nicht sonderlich zu interessieren. Ohne zu fragen, nahm sie sich aus Susannes Päckchen eine Zigarette. Sie ließ sich Feuer geben.

„Wussten Sie von der Begegnung oder den Begegnungen Ihres Mannes mit Holger Fritjof?", fragte Susanne.

„Ja. Ich habe einmal einen Telefonanruf des Rechtsanwaltes angenommen. Es ging dabei um die Verschiebung eines Gesprächstermins mit Walter. Aber ob sie sich mehrmals getroffen haben, kann ich nicht sagen. Liegt aber wohl ziemlich nahe."

Die Assistentin des Privatdetektivs nickte. „Haben Sie Näheres über diese Zusammenkünfte erfahren? Ist es zwischen den beiden zu Auseinandersetzungen gekommen? Hat Ihr Mann davon gesprochen, dass er sich von Fritjof bedroht fühlte?"

„Sie haben Vorstellungen!" Für kurze Zeit wurde Frau Hansens Stimme lebhafter. „Glauben Sie, dass wir über unsere Tagesabläufe Protokoll geführt haben? Dass wir uns über alles und jedes unterhalten haben?"

„So unwichtig war das Thema ja wohl nicht", wandte Susanne ein.

„Für Sie ist es vielleicht wichtig. Ich hatte kein großes Bedürfnis, darüber zu sprechen. Ich war froh, dass die Geschichte mit Frau Küster nicht wieder aufgewärmt wurde."

„Waren Sie erleichtert, als Sie von der Trennung der beiden erfuhren?", fragte Susanne.

„Erleichtert ist nicht der richtige Ausdruck." Frau Hansen seufzte kaum hörbar. „Oder glauben Sie, dass sich danach irgendetwas zwischen mir und Walter geändert hat?"

Susanne zündete sich eine Zigarette an. „Wie hat Ihr Mann auf den Tod von Angelika Küster reagiert? War er davon überzeugt, dass es sich wirklich um einen Unfall gehandelt hat? Oder glaubte er an einen Selbstmord oder eine Manipulation an ihrem Wagen?"

„Er hat mit mir nach diesem Ereignis drei Tage lang kein einziges Wort gesprochen", antwortete die Frau des ermordeten Möbelfabrikanten. „Das zeigt wohl, dass ihm die Sache nicht ganz gleichgültig war."

„Glaubte er an einen Unfall?", wiederholte Susanne ihre Frage.

Marianne Hansen lächelte matt. „Ich hätte es nicht wagen dürfen, dieses Thema auch nur mit einer einzigen Silbe zu erwähnen. Und das war mir auch ganz recht so." Sie erhob sich und ging zu der edlen Mahagonischrankwand. Dort öffnete sie das Barfach. „Nehmen Sie auch einen Martini?"

Mit dieser plötzlichen Zuvorkommenheit hätte Susanne niemals gerechnet. „Ja", antwortete sie verdutzt. „Gern."

„Bianco oder rosso?"

„Bianco."

„Etwas Eis?"

Susanne nickte ihr zu. Fehlte nur noch die Olive. Frau Hansen kehrte mit zwei gut gefüllten Gläsern zurück.

„Ich möchte Ihnen eine Frage stellen, die Sie selbstverständlich nicht beantworten müssen", begann die Assistentin des Privatdetektivs zögernd. „Sie werden sie vielleicht als unverschämt empfinden …"

„Wieso mit einem Mal so zurückhaltend? Fragen Sie ruhig. Wir werden dann schon sehen."

„Können Sie sich vorstellen, dass Ihr Mann Holger Fritjof im Felsenmeer umgebracht hat? Weil der Rechtsanwalt etwas herausgefunden hatte, weil er Ihren Mann vielleicht unter Druck setzen oder erpressen konnte?"

Die Witwe des Möbelfabrikanten schwieg eine Weile. „Diese Frage habe ich mir auch immer wieder gestellt." Sie trank von ihrem Martini. „Ich weiß es nicht. Ich weiß es bis heute nicht."

„War Ihr Mann an dem fraglichen Sonntag, als Fritjof erstochen wurde, längere Zeit nicht zu Hause?"

„Ja", antwortete Marianne Hansen ruhig. „Er ist an diesem Sonntag weggefahren. So viel steht fest."

„Hat er gesagt, dass er sich mit jemandem treffen wollte? Und wenn ja, wo?"

Frau Hansen kühlte die Finger ihrer rechten Hand an dem kalten Martiniglas. „Fangen Sie schon wieder mit den Tagesabläufen und den Protokollen an?", fragte sie gleichgültig. „Er hat nach dem Mittagessen, etwa gegen ein Uhr, das Haus verlassen. Das war an sich nicht ungewöhnlich. Denn er hat öfter mal am Wochenende einen Ausflug gemacht. Selbstverständlich ohne mich. Zurückgekommen ist er ziemlich spät. Etwa um halb elf. Vielleicht war es auch schon elf. Das weiß ich nicht mehr so genau."

„Dass er relativ spät zurückkam, war aber ungewöhnlich?", fragte Susanne.

„Nachdem er sich von Frau Küster getrennt hatte, ja."

„Ist Ihnen nach seiner Rückkehr etwas Besonderes an dem Verhalten Ihres Mannes aufgefallen? Ich weiß, die Frage klingt reichlich blöd ..."

„Nein. Walter war nur ein bisschen betrunken. Aber das kam öfter vor."

„Theoretisch käme er also für die Tat in Frage", murmelte die Assistentin des Privatdetektivs.

Marianne Hansen bedachte diese Bemerkung mit einem langen Schweigen.

„Um noch einmal auf Fritjofs Liste zurückzukommen", sagte Susanne nachdenklich. „Haben Sie eine Vermutung, wer sich hinter dieser mysteriösen Tanja verbergen könnte?"

„Ja", sagte Frau Hansen ruhig. „Es ist vielleicht sogar mehr als nur eine bloße Spekulation."

Susanne zuckte zusammen. Sie rieb sich ihre verschwitzten Hände an der Jeans ab.

„In der Buchhaltung unserer Firma arbeitet eine gewisse Tanja Wischnewski. Augenscheinlich hat sie sich mit Frau Küster ganz gut verstanden."

„Waren die beiden näher befreundet? Haben sie sich auch außerhalb des Unternehmens getroffen?"

Marianne Hansen zuckte die Achseln. „Keine Ahnung. Das müssen Sie Frau Wischnewski schon selbst fragen."

„Wieso sind Sie sich dann so sicher, dass es sich bei Ihrer Mitarbeiterin wirklich um die fragliche Tanja handelt?", fragte Susanne.

„Zunächst: In unserer Firma gibt es nur eine einzige Angestellte mit diesem Vornamen. Und in dem Bekannten- und Freundeskreis von Walter und mir findet sich auch keine Tanja. Das muss natürlich noch lange nicht heißen, dass ich mit meiner Vermutung richtig liege." Sie nahm sich ungefragt eine weitere Zigarette. „Aber denken Sie doch nur mal an die Reihenfolge der Namen auf Fritjofs Liste. Sie wissen ja: Erstens Angelika Küster. Zweitens Walter Hansen. Drittens Tanja ..."

„Schon klar." Susanne wiegte den Kopf. „Trotzdem bin ich mir nicht sicher. Wieso beispielsweise hat Fritjof nur ihren Vornamen notiert?"

„Dafür dürfte es eine relativ einfache Erklärung geben", antwortete Frau Hansen. „Er kannte ihren Nachnamen nicht! Angelika hat ihre Kollegin vielleicht mal nebenbei erwähnt – aber eben nur mit dem Vornamen. Wieso sollte sie Fritjof den vollständigen Namen nennen? Wenn Sie mit Tanja sprechen, wird sich das alles möglicherweise aufklären."

„Haben Sie Ihre Adresse?", fragte Susanne.

„Steht im Telefonbuch. Sie wohnt hier in Höchst. Wir können die Anschrift und die Rufnummer nachher heraussuchen."

„Frau Hansen, was ich nicht ganz verstehe: Sie haben damals mir gegenüber und auch gegenüber der Polizei jede Verbindung zwischen Ihrem Mann und Holger Fritjof geleugnet. Und seine Beziehung zu Frau Küster haben Sie auch verschwiegen. Warum haben Sie das getan?"

„Warum, warum?" Die Frau des Möbelfabrikanten richtete sich auf. „Ist das wirklich so schwer zu verstehen? Weil ich nicht wollte, dass die Geschichte mit Angelika Küster in aller Öffentlichkeit breitgetreten wird. Weil ich nicht wollte, dass unser ach so vorbildliches Privatleben in allen Einzelheiten ans Tageslicht gezerrt wird. Weil, weil ..."

„Weil Sie Ihren Mann schützen wollten?"

„Vielleicht auch deshalb." Marianne Hansen seufzte. „Wissen Sie, ich habe auf etwas sehr Schönes gehofft: Dass man Holger Fritjofs Mörder sehr schnell finden würde. Und dass der Täter nicht Walter Hansen heißen würde."

„Haben Sie das wirklich geglaubt?", fragte die Assistentin des Privatdetektivs.

„Ich sagte doch, ich habe es gehofft. Ob Walter tatsächlich unschuldig ist oder nicht, weiß ich bis heute nicht."

Susanne leerte ihr Martiniglas und erhob sich dann.

„Sie wollen schon gehen?" In Marianne Hansens Stimme schwang ein Hauch von Enttäuschung mit.

„Ich muss, leider."

Die Hausherrin begleitete sie in den Flur. „Das Telefonbuch ist im Dielenschrank", sagte sie. „Ich werde Ihnen die Nummer und die Anschrift von Tanja Wischnewski heraussuchen. Sie können sie ja später anrufen und sich mit ihr verabreden. Vielleicht kann sie Ihnen irgendeinen wichtigen Hinweis geben. Obwohl ich das, ehrlich gesagt, bezweifle."

„Eines würde mich noch interessieren. Waren Sie der Polizei gegenüber gestern auch so offen wie jetzt in unserem Gespräch?"

„Ich habe nichts geleugnet, was offensichtlich nicht zu leugnen war", sagte Marianne Hansen. „Und was ich nach Walters Tod nicht mehr leugnen musste. Aber ich habe dieser Frau Hagedorn und ihrem komischen Assistenten natürlich nicht alles erzählt. Von Tanja Wischnewski wissen die beiden beispielsweise nichts." Sie lächelte. „Müssen sie doch auch nicht, oder?"

Kapitel 15
Nierenspieß

Obwohl sein Orientierungssinn nicht besonders stark ausgeprägt war, hatte Tobias Bloch keine große Mühe, zu dem Schnellimbiss in der Michelstädter Altstadt zurückzufinden, an dem er bei seinem ersten Besuch so vorzüglich bewirtet worden war. Nachdem zwei jüngere Mädchen mit Pommes versorgt worden waren, war der berühmte Privatdetektiv aus Heubach an der Reihe. Die Köchin, Wirtin, Seelsorgerin, Geschäftsführerin und Inhaberin der gehobenen Michelstädter Gastronomie erkannte ihn sofort wieder. Sie hatte eben ein geschultes Auge für einigermaßen ansehnliche Enddreißiger in heiratsfähigem Zustand.

„Nierenspieß, richtig?", fragte sie. Ihre dunklen Augen blitzten freudig auf.

Bloch nickte. „Sind die Spieße denn richtig schön groß?", fragte er charmant.

Die Frage schien sie ein klein wenig zu verwirren. „Ich kann Ihnen ja mal ein Prachtexemplar zeigen." Aus der dampfenden, mit viel dunkelbrauner Flüssigkeit gefüllten Aluminiumwanne hob sie mit einer Holzzange einen Nierenspieß hoch.

„Nicht schlecht", sagte Bloch anerkennend. „Ich nehme trotzdem lieber gleich zwei. Nicht dass mir der Spieß zu klein wäre. Daran gibt es überhaupt nichts auszusetzen. Aber wer weiß, wann ich heute noch mal etwas Vernünftiges zu essen bekomme."

„Sie Ärmster!", sagte sie mitfühlend. Und deutete gleichzeitig mit einem koketten Blick an, dass er bei ihr nie würde Hunger leiden müssen. „Soll ich gleich zwei Spieße auf einen Teller tun? Oder möchten Sie sie lieber nacheinander essen?"

Da der Privatdetektiv kein Freund von mehrgängigen Speisen war, bat er sie, den Teller gleich richtig zu füllen. „Und wenn Sie so gut wären, die Holzspieße herauszuziehen? Ich verbrenne mir sonst noch die Finger, bekleckere mich mit Soße ..."

Sie lächelte. „Hätte ich sowieso gemacht. Was möchten Sie dazu? Pommes, Brötchen?"

„Zwei Brötchen, bitte. Damit ich schön tunken kann. Und ein Pils."

Vorsichtig balancierte er kurz darauf den fast bis zum Rand gefüllten Teller zu dem Holztischchen vor dem Schnellimbiss. Die Nieren mit den wunderbar matschig gekochten Zwiebelstückchen schmeckten köstlich. Und die Soße mit vielen leckeren Nierenbröseln war eine Augenweide.

Nachdem sie im Inneren ihres kleinen Lokals die lautstark diskutierenden Herrschaften mit neuen Getränken versorgt hatte, bemühte sie sich noch einmal um ihren Freiluftgast. „Schmeckt es?", fragte sie interessiert.

Bloch nickte ihr zu. Weil er gerade ein besonders großes Nierenstück zu bewältigen hatte, konnte er nur mit einem unterdrückten „Aufgefeifnet" antworten.

„Wenn Sie noch etwas brauchen, sagen Sie nur Bescheid."

„Hmm." Sie hat die Episode mit dem Kümmerling und dem Weinbrand nicht vergessen, dachte Bloch.

Deshalb tat er ihr nach vollendeter Mahlzeit den Gefallen. „Jetzt könnte ich etwas zur Verdauung vertragen", sagte er, als er den leeren Teller zurückbrachte. „Was nehmen Sie? Einen Kümmerling?"

Sie schüttelte leicht den Kopf. „Dieses Mal schließe ich mich Ihnen an. Weinbrand, richtig?" Eine unberechenbare Frau mit höchst individuellen Zügen.

Sie prosteten sich mit den Flachmännern zu und tranken beherzt. Er bot ihr eine Zigarette an, die sie mit einer grazilen Bewegung aus dem Päckchen zog. „Gäste wie Sie müsste man öfter haben", sagte sie seufzend.

„Tja, das Leben ist manchmal furchtbar ungerecht", sagte der Privatdetektiv. „Nehmen wir nur mal mein Schicksal. In meinem bescheidenen Heimatort gibt es keinen einzigen Schnellimbiss. Ist das etwa fair?"

„Sie wohnen nicht in Michelstadt?", fragte sie.

Er schaute langsam an sich herunter. „Sieht man mir meine bäuerliche Herkunft wirklich nicht mehr an?"

Sie beugte sich ein wenig vor, um ihn besser begutachten zu können. Obwohl sie das garantiert schon einige Male zuvor getan hatte. „Woher kommen Sie denn?"

„Ich lebe in dem ärmlichen Heubach. Vielleicht haben Sie schon von der kleinen Siedlung gehört."

Sie nickte. „Liegt doch an der Bundesstraße 45?"

„Nicht direkt. Man muss sich nach dem Abzweig durch einen kurvenreichen Trampelpfad kämpfen, um ans Ziel zu kommen."

„Wusste ich gar nicht", sagte sie. „Ich war nämlich noch nie in Ihrem schönen Heubach."

In diesem Stadium wurde es langsam gefährlich. Eine falsche Bemerkung – und sie hätte dies womöglich als dezente Einladung aufgefasst.

„Da haben Sie auch nichts versäumt", bekannte er traurig. „Wenn man die großstädtische Atmosphäre dieser pulsierenden Metropole Michelstadt gewöhnt ist, kann man einen solchen Kulturschock sicher kaum verkraften." Bloch wünschte sich, das verfängliche Thema gar nicht erst angeschnitten zu haben.

„Und wieso wohnen Sie dann noch dort? Wenn der Ort angeblich so provinziell ist?" Sie ließ nicht locker.

„Familiäre Verpflichtungen", antwortete der Privatdetektiv bedrückt. „Man kann sich sein Schicksal leider nicht immer aussuchen."

Sie brauchte ein bisschen Zeit, um diese unerfreuliche Botschaft zu verdauen. „Muss ja nicht für immer sein", murmelte sie dann und warf ihren leeren Flachmann desillusioniert in die Plastiktonne. „Wollen Sie noch einen?", fragte sie.

„Nein danke. Ich muss ja noch den Rückweg finden. Aber wenn Sie noch ein Schlückchen möchten?"

Sie schüttelte den Kopf. Augenscheinlich war ihr der Appetit vergangen.

„Eines kann ich Ihnen jedenfalls versprechen", tröstete er sie. „Ihr vorzügliches Lokal habe ich nicht zum letzten Mal beehrt. Einen solch exquisiten Nierenspieß habe ich im ganzen Odenwald noch nicht vorgesetzt bekommen. Und ich bin schon viel herumgekommen."

„Nun übertreiben Sie mal nicht!" Ihr Tonfall verriet, dass sie das Kompliment zu schätzen wusste.

Nachdem er bezahlt hatte – ein großzügiges Trinkgeld inklusive –, fragte er nach dem Weg zur Eulengasse. Sie beschrieb ihn sehr ausführlich.

Es dauerte eine Weile, bis ihm Zutritt zu dem Haus des Odenwälder Heimatforschers gewährt wurde. Maximilian Haussmann war eben ein vorsichtiger Zeitgenosse. Ohne Umschweife kam Tobias Bloch dann auf sein Anliegen zu sprechen. „Herr Haussmann, ich bin mir ziemlich sicher, dass Sie meine Assistentin belogen haben", sagte er in einem forschen, für ihn eher untypischen Ton.

Der hagere alte Mann schnappte nach Luft.

„Einen Moment, ich bin noch nicht fertig! Nach unseren Nachforschungen in der Kanzlei von Holger Fritjof muss er mit Ihnen Kontakt aufgenommen haben. Er kannte Ihre Adresse und Ihre Telefonnummer, das steht fest. Und ich glaube kaum, dass er mit Ihnen über römische Inschriften und Gravuren auf Odenwälder Felsbrocken gefachsimpelt hat. Nein, nein, er wollte etwas ganz anderes von Ihnen ..." Bloch versank ein wenig tiefer in dem weichen Sofa und beobachtete die Reaktion seines Gegenübers aufmerksam.

Nun komm schon, Junge, mach es nicht so spannend, dachte er.

Der Alte rührte sich keinen Zentimeter von der Stelle, nur sein ohnehin roter Kopf hatte noch etwas an Farbe zugelegt.

„Herr Haussmann, wenn Sie weiter die Unwahrheit sagen, bringen Sie sich mit Sicherheit in eine verdammt schwierige Lage. Was muss denn noch geschehen, bevor Sie endlich den Mund aufmachen? Erst musste Holger Fritjof sterben, und nun hat es – wie Sie sicherlich inzwischen wissen – auch Walter Hansen erwischt. Worauf also warten Sie noch?"

„Ich habe mit den Morden nichts zu tun", murmelte der Heimatforscher kaum hörbar.

„Das habe ich auch gar nicht behauptet. Ich will wissen, warum Holger Fritjof mit Ihnen Kontakt aufgenommen hat. Was er von Ihnen wollte – und was Sie ihm gesagt haben. Es ging doch um die verunglückte Angelika Küster, richtig?"

Der alte Mann faltete seine schmalen Hände. „Wir haben uns zufällig getroffen. An der Bahnüberführung am Ortseingang von Höchst. Ich wusste gar nicht, dass sich der Unfall dort ereignet hat. Herr Fritjof hat sich alles genau angesehen. Die Stelle, an der das Auto gegen den Pfeiler geprallt ist. Er hat nach Lackkratzern, Bremsspuren und Ähnlichem gesucht. Und er hat Fotos gemacht. Von der Überführung, von dem rechten Pfeiler ..."

„Was hatten Sie dort zu suchen?", fragte Bloch.

„Ich habe einen Spaziergang durch Höchst gemacht und die Kirche an der Hauptstraße besucht. Ich bereite nämlich eine neue Veröffentlichung über Sakralbauten im Odenwald vor. Aber das interessiert einen wie Sie natürlich nicht."

Der Privatdetektiv seufzte.

„Ich bin dann noch ein Stück weitergegangen, bis zur Überführung. Von dort aus wollte ich über die Wiesen bis zur Anhöhe hinaufsteigen, um die Höchster Kirche von einer exponierten Stelle aus zu sehen. Als ich den Mann, Herrn Fritjof, fotografieren sah, habe ich ihn natürlich gefragt, was er da machte. War doch ziemlich außergewöhnlich, dass er sich für dieses Bauwerk interessierte."

„Bauwerk ist wohl nicht der richtige Ausdruck", widersprach Bloch. „Oder hat auch diese Bahnüberführung eine bedeutende Vergangenheit?"

Der Heimatforscher warf ihm einen kurzen bitteren Blick zu, dann senkte er seinen Kopf wieder und betrachtete seine gefalteten Hände. „Wenn Sie allem und jedem mit Oberflächlichkeit und Vorurteilen begegnen, werden Sie den wahren Geheimnissen niemals auf die Spur kommen. Aber das wollen Sie ja wohl auch gar nicht. Natürlich hat auch diese Überführung eine Vergangenheit, wenn sie auch nicht furchtbar weit zurückreicht. Aber das erfährt man erst, wenn man sich näher damit befasst!"

„Herr Haussmann, Sie wollen mir doch nicht weismachen, dass Sie sich wirklich für dieses hässliche Monstrum von Überführung interessierten? Das mit den Sakralbauten, das nehme ich Ihnen ja noch ab. Obwohl es hier im Odenwald sicherlich bedeutendere kirchliche Bauten als diese Höchster Kirche gibt."

„Sie wissen doch gar nicht, wovon Sie sprechen! Sie kennen ein paar touristische Sehenswürdigkeiten, die in jedem billigen Reiseführer kurz und unvollständig beschrieben werden. Aber sonst?" Der Heimatforscher winkte resigniert ab. „Sie haben doch überhaupt keine Ahnung!"

Bloch rutschte auf dem Sofa mühsam ein Stück nach vorn, um nicht völlig darin zu versinken. „Ich glaube, dass Sie mich da ein wenig unterschätzen. Aber das ist sicher nicht unser Thema. Sie wollen mir also erzählen, dass Holger Fritjof Ihnen, auf Ihre harmlose Frage hin, die ganze Geschichte mit Angelika Küster dargelegt hat? Obwohl er Sie überhaupt nicht kannte, obwohl Sie lediglich ein zufällig vorbeikommender Spaziergänger waren?"

„Aber so war es!", beteuerte Haussmann. „Außerdem hat er sehr bald bemerkt, dass ich mich mit Mauerwerk, gleich welchen Alters, sehr gut auskenne. Sie wissen ja nicht, welche Spuren sich manchmal aus einem scheinbar ganz gewöhnlichen Stein oder Felsbrocken herauslesen lassen. Haben Sie sich mal näher mit dem Großen Felsenmeer befasst, haben Sie meine Abhandlung darüber gelesen?" Er seufzte. „Natürlich nicht, Sie Ignorant!"

Bloch verzog das Gesicht, verzichtete dann aber darauf, ihm diese Beleidigung heimzuzahlen. „Haben Sie irgendetwas an dem Mauerwerk der Überführung entdeckt, das bemerkenswert war? Konnten Sie Herrn Fritjof weiterhelfen, ihm wichtige Hinweise geben wegen des Unfalls?"

Der hagere alte Mann richtete sich langsam in seinem Sessel auf. „Ich hatte doch meine Ausrüstung gar nicht dabei! Die Lupe, die Messer, die Feilen und all die anderen Werkzeuge, die nötig sind, um eine vernünftige Gesteinsuntersuchung vorzunehmen. Glauben Sie, solche Spuren lassen sich mit bloßem Auge erkennen? Glauben Sie, das alles ist nur Hokuspokus? Einmal kurz darauf geschaut – und schon ist alles klar?"

„Ist Ihnen auf den ersten Blick etwas aufgefallen, das außergewöhnlich war?", fragte Bloch. „Etwas, das diesen Teil des Mauerwerks von der übrigen Steinwand des Pfeilers unterschied?"

„Natürlich hat der Aufprall des Wagens seine Spuren hinterlassen. Das ist auch für einen Laien sofort erkennbar. Aber mit solch oberflächlichen Betrachtungen gebe ich mich nicht zufrieden. Ich will den Dingen ..."

„Haben Sie die Mauer danach noch einmal sorgfältig untersucht?", unterbrach ihn der Privatdetektiv unsanft.

„Herr Fritjof hatte mich darum gebeten. Ich hatte es ihm auch bereits zugesagt ..."

„Aber?"

„Er wurde kurz darauf im Felsenmeer ermordet", sagte Maximilian Haussmann.

„Hat Sie das nicht stutzig gemacht? War das kein triftiger Grund, nun erst recht eine genaue Untersuchung vorzunehmen?"

Der Heimatforscher schüttelte den Kopf. „Ich wollte mit der Sache nichts mehr zu tun haben. Es ging schließlich um Mord!"

„Warum haben Sie der Polizei nichts davon erzählt? Warum haben Sie verschwiegen, dass Sie Holger Fritjof kannten?"

Der alte Mann lachte röchelnd. Mit der rechten Hand stützte er seinen Kopf ab. „Glauben Sie wirklich, man hätte mir diese Geschichte abgenommen? Ich bin doch nicht verrückt und lasse mich in eine Sache hineinziehen, mit der ich überhaupt nichts zu tun habe! Die fragen dann nach meinem Alibi, nach meinen Verbindungen zu den anderen Leuten auf der Liste und so weiter. Das habe ich doch nicht nötig. Ich doch nicht!"

„Herr Haussmann, ist das die ganze Wahrheit?", fragte der Privatdetektiv nachdenklich.

„Was glauben Sie denn? Ich habe doch nichts zu verbergen!"

„Kannten Sie Walter Hansen?"

Energisches Kopfschütteln.

„Kennen Sie sonst jemanden, der auf Holger Fritjofs Liste steht?", fragte Bloch.

„Das habe ich doch alles schon Ihrer Assistentin gesagt. Ja, diese arrogante italienische Buchhändlerin kenne ich natürlich. Aber aus rein fachlichen Gründen, von denen Sie keinen blassen Schimmer haben. Außerdem, in diesen Laden setze ich keinen Fuß mehr. Ich habe es doch nicht nötig, mich von diesen ignoranten Geschäftemachern auslachen zu lassen. Die wissen doch überhaupt nicht mehr, was ein Buch ist! Für die ist das eine gewöhnliche Ware wie Seife oder Toilettenpapier ..."

„Sonst noch jemand?"

„Nein!" Seine Augen funkelten. „Doch, natürlich. Ich hatte ja jetzt das Vergnügen, Sie kennen zu lernen. Aber darauf hätte ich gut und gern verzichten können."

Tobias Bloch hätte ihm mit großem Vergnügen eine gepfefferte Antwort gegeben. Aber er beherrschte sich.

Auf dem Rückweg durch die am späten Nachmittag noch immer von Touristen und Einheimischen bevölkerte Michelstädter Innenstadt schüttelte der Privatdetektiv mehr als einmal wütend den Kopf. Welche seltsame Geschichte hatte ihm dieser verschrobene Alte da aufgetischt! Das Mauerwerk der Bahnüberführung angeblich wissenschaftlich zu untersuchen, als ginge es um einen antiken Tempel! Lächerlich. Was sollte denn dabei herauskommen? Konnte Maximilian Haussmann anhand der Lackspuren und der beschädigten Steine herausfinden, ob es sich um einen Unfall oder um einen Mord gehandelt hatte? Und war Holger Fritjof wirklich auf diesen Schwachsinn hereingefallen? Dann hatte er selbst nicht mehr alle Tassen im Schrank gehabt. Dann war er eindeutig von einer irrsinnigen Idee besessen gewesen.

Am liebsten hätte Tobias Bloch seinen ganzen Frust an dem Schnellimbiss abgelassen. Die reizende Inhaberin hätte ihn sicherlich trösten können. Sie verstand etwas vom Leben. Als er nur noch wenige Meter von dem kleinen Lokal entfernt war, besann er sich eines Besseren. Um nur ja nicht entdeckt zu werden, bog er rechtzeitig in eine Seitengasse ab und erreichte schließlich den Parkplatz.

Kapitel 16

Abstiegskampf

Als der berühmte Privatdetektiv in sein Heubacher Domizil zurückkehrte, näherte sich die Sportsendung gerade unerbittlich ihrem Ende. Die Tabelle wurde – je nach Blickwinkel – auf ihr trauriges beziehungsweise ihr erfreuliches Ende geschwenkt, an dem es verdächtig nach Abstieg roch. Tobias Bloch wollte gerade einen Blick darauf werfen, als sie ausgeblendet wurde.

„Mist!", fluchte er. „Kennst du die Ergebnisse?", fragte er seine Assistentin, die es sich mit Muzel vor dem Fernseher bequem gemacht hatte.

Reichlich verdächtig, dass sich die Katze direkt neben Susanne auf dem Ledersofa niedergelassen hatte. Normalerweise bevorzugte sie immer die Sessellehne ihres Herrchens. Aber was war in diesen turbulenten Zeiten schon normal?

„Und?", fragte er. „Hat die Eintracht schon wieder verloren?"

Susanne schüttelte lächelnd den Kopf. „Von mir erfährst du nichts. Nicht einmal einen harmlosen Halbzeitstand."

Er ließ sich seufzend in seinen Ledersessel fallen. „Susanne, bitte!", flehte er. „Das kannst du mir nicht antun!"

„Und ob!" Sie schaltete mit der Fernbedienung den Apparat aus. Muzel legte den Kopf auf Susannes Oberschenkel und schloss die Augen. Offensichtlich war sie mit den Ergebnissen zufrieden. Was wiederum die These stützte, dass Frankfurt wirklich verloren hatte, denn in dieser Beziehung war die Katze immer einer Meinung mit Bloch.

Susanne legte ihre Füße vorsichtig auf den Beistelltisch – sie wollte Muzel nicht verscheuchen – und musterte ihren entmutigten Chef. „Hörst du kein Autoradio?"

„Doch. Aber da waren die Nachrichten leider schon vorbei."

Sie nickte befriedigt. „Also gibt es doch noch so etwas wie Gerechtigkeit", sagte sie.

„Wovon redest du?"

„Von deinem unverschämten Verhalten, von was sonst? Schleichst dich einfach klammheimlich aus dem Haus und gehst allein auf Verbrecherjagd! Wozu brauchst du mich überhaupt? Zum Spülen, Aufräumen und Wäschewaschen? Pah!" Sie zündete sich eine Zigarette an. „Eigentlich wollte ich überhaupt nicht mehr mit dir sprechen. Nie mehr."

„Ich dachte, du würdest dich über einen bezahlten Urlaubstag freuen", sagte Bloch treuherzig. „Aber nein. Undank ist der Welten Lohn!"

Sie winkte ab, wobei ein wenig Asche auf den Teppich flog. „Außerdem heißt es Welt, nicht Welten, du Poet!"

„Susanne, glaube mir, ich wollte dich nicht wecken. Du hast noch so schön geschlafen. Und die Tage vorher waren doch furchtbar anstrengend gewesen. Mein Besuch in Michelstadt war doch kaum der Rede wert. Reine Routine, wenn du weißt, was ich meine."

„Hör auf mit dem Geschwafel! Ich glaube dir kein einziges Wort."

Bloch seufzte. „Wie oft muss ich noch beteuern ...?"

„Hör auf damit, sonst werde ich nur wieder wütend!" Sie lächelte hintersinnig. „Hättest mich mal heute Vormittag erleben sollen. Frag Muzel, ich war stinksauer."

„Wie viel Geschirr hast du zertrümmert?", fragte Bloch scheinbar gleichmütig.

„Keine Angst, hoher Herr und Meister. Nur einen einzigen dieser billigen Kognakschwenker."

„Um Himmels willen! Das war ein Erbstück von Tante Margarethe. Schon ihre Mutter hat daraus gepichelt."

Susanne blies ihm den Rauch direkt ins Gesicht. „Lügner! Die Gläser hast du erst letztes Jahr angeschafft. Meinst du, ich wüsste das nicht mehr?"

„Tatsächlich? Dann muss ich mich geirrt haben." Bloch erhob sich. „Soll ich dir auch etwas aus der Küche mitbringen?"

„Kehr lieber erst mal die Glassplitter auf. Ist ja gemeingefährlich, was sich in deinem Haushalt abspielt. Du kannst von Glück reden, dass Muzel und ich uns nicht längst böse verletzt haben."

Kopfschüttelnd besah sich der Privatdetektiv in der Küche den Schaden. Als er sich vorsichtig zu den Kehrutensilien im Schrank niederbeugte, knirschte es mehrmals verdächtig unter seinen Sohlen. „Elender Mist!", fluchte er. „Erst poltern – und dann noch nicht mal aufräumen."

Nachdem er die Glassplitter beseitigt hatte – hoffentlich hatte er keinen übersehen –, kam er mit zwei Flaschen Bier ins Wohnzimmer zurück. „Zur Strafe wird heute Abend der Kognak gestrichen!"

Susanne winkte ab. „Das werden wir ja noch sehen. Wenn du erst weißt, was ich weiß, wirst du es dir vielleicht noch mal überlegen."

„Was soll das heißen? Hat etwa Frau Hagedorn noch mal angerufen? Oder ...?"

„Deine miserable Kombinationsgabe verblüfft mich immer wieder. Glaubst du im Ernst, ich hätte das brave Hausmütterchen gespielt und dein Silberbesteck poliert?"

„Du hast also den Odenwald unsicher gemacht?" Bloch holte sich ein Bierglas aus der Vitrine.

„Unsinn! Ich habe das gemacht, wofür ich bezahlt werde. Ich habe in den beiden Mordfällen ermittelt."

„Gleich in beiden?", fragte der Privatdetektiv spöttisch. „Ganz schön mutig."

„Dir wird das Scherzen schon noch vergehen, wenn du erst erfährst, auf welch erbärmliche Art und Weise du dich blamiert hast."

Bloch schenkte sich mit Bedacht ein Bier ein. „Das sind doch alles leere Versprechungen. Wer soll denn schon etwas über meine früheren Verfehlungen wissen? Gut, ich gebe es ja zu, in meiner stürmischen Jugendzeit ist so einiges vorgefallen, das ich hinterher gern ungeschehen gemacht hätte. Aber das ist doch alles schon lange her. Das ist Geschichte. Sittengeschichte, genauer gesagt."

Susanne seufzte. „Fertig?", fragte sie. „Können wir das Reich der Fabeln endlich verlassen?"

Bloch zuckte die Achseln. „Von mir aus."

„Also, wenn mich nicht alles täuscht, weiß ich jetzt, wie der berühmte Privatdetektiv aus Heubach auf Holger Fritjofs Liste gekommen ist."

„Von wem?"

„Von deiner ach so geliebten Marianne Hansen."

Bloch lachte schallend.

Als ihm dann aber seine Assistentin auf nicht gerade einfühlsame Weise von seiner missglückten Beschattung des später ermordeten Höchster Möbelfabrikanten berichtete, rutschte er zusehends tiefer in seinen geräumigen Ledersessel.

„Walter Hansen hat Fritjof sicherlich nicht verschwiegen, dass er von einem überaus gerissenen Privatdetektiv verfolgt wurde", schloss Susanne zufrieden diesen Teil ihrer Enthüllungen ab. „Er wird es schon deshalb getan haben, um sich selbst zu entlasten. Um zu behaupten, dass ihm jemand ans Leder wollte."

Bloch kratzte sich an seinem Hinterkopf. „Wenn du dazu bereit wärst, diese unerfreuliche Episode auf sich beruhen zu lassen ..."

„Blödsinn! Sei doch froh, dass du dieser schnippischen Hagebutte endlich eine vernünftige Erklärung für dein Auftauchen auf der Liste geben kannst. Sie wird es vielleicht ein bisschen komisch finden, da ist sie sicher nicht die Einzige – aber du bist doch ein tapferer Mann, der schon mit viel schlimmeren Schicksalsschlägen fertig geworden ist, oder?"

„Wenn du meinst, dass das klug wäre", sagte Bloch zweifelnd. „Ich hätte absolut nichts dagegen, wenn man darüber nicht so furchtbar offen sprechen würde. Die Leute sind so ungerecht. Sie denken dann gleich, ich sei ..."

„Ein Versager?", schlug Susanne vor.

„So würde ich das nicht nennen." Er stand langsam auf. „Irgendetwas stimmt nicht mit mir", sagte er in besorgtem Tonfall. „Ich muss schon wieder, obwohl ich doch erst zwei Schlückchen getrunken habe."

„Das ist die Aufregung", beruhigte ihn seine Assistentin. „Ich kenne das."

Nachdem er zumindest vorübergehend für etwas Erleichterung gesorgt hatte, erzählte ihm seine Assistentin ausführlich von dem Gespräch, das sie mit der Witwe des ermordeten Möbelfabrikanten geführt hatte. Bloch war nicht sonderlich erstaunt darüber, dass Marianne Hansen von dem Verhältnis zwischen Angelika Küster und ihrem Mann gewusst hatte.

Aber es wurmte ihn ein klein wenig, dass sie dies ausgerechnet seiner Assistentin gegenüber zugegeben hatte.

„Du hast dich doch nie um die Frau gekümmert, seit wir an diesem Fall arbeiten", sagte Susanne. „Also musste sie eben mir reinen Wein einschenken."

„Wenn er denn so rein war", bemerkte der Privatdetektiv skeptisch.

„Bevor du wieder mit deiner dubiosen Mordtheorie anfängst, lass mich lieber noch etwas anderes erzählen. Ich weiß jetzt nämlich wahrscheinlich auch, wer diese geheimnisvolle Tanja auf Fritjofs Liste ist."

Bloch nahm sich kopfschüttelnd eine Zigarette aus seinem Päckchen. „Hätte ich dich doch nur nach Michelstadt mitgenommen!"

„Hast du aber nicht. Zum Glück. Also: Eine Frau namens Tanja Wischnewski arbeitet ebenfalls in der Möbelfabrik. In der Buchhaltung, genauer gesagt. Und sie war mit Angelika Küster mehr oder weniger befreundet. Es war zwar keine innige Liebe, aber die beiden haben sich ganz gut verstanden."

„Woher weißt du das?", fragte er.

„Ich habe mich kurz mit Tanja Wischnewski getroffen", sagte sie. „Frau Hansen war so freundlich, mir ihre Telefonnummer und ihre Anschrift herauszusuchen. Ich habe sie angerufen und da sie einverstanden war, bin ich dann gleich bei ihr vorbeigefahren. Ist allerdings nicht viel dabei herausgekommen, denn Tanja Wischnewski war wirklich nicht sehr gesprächig. Für den Fall, dass sie sich noch an etwas Wichtiges erinnern sollte, habe ich ihr deine Nummer gegeben. Ich habe ihr gesagt, sie kann mich jederzeit hier anrufen."

Bloch blickte sie fragend an.

„Auf die Spur von Frau Wischnewski hat mich Marianne Hansen gebracht", fuhr Susanne fort. „Ich war anfangs auch skeptisch, ob es sich ausgerechnet bei ihr um die unbekannte Tanja handelt. Aber als wir dann ausführlicher darüber gesprochen haben, kam mir diese Theorie ganz plausibel vor. Obwohl natürlich noch immer die Möglichkeit besteht, dass Holger Fritjof eine völlig andere Tanja gemeint hat."

„Er hat also nicht mit Frau Wischnewski Kontakt aufgenommen?"

„Nein." Sie schüttelte den Kopf. „Behauptet sie zumindest. Vielleicht ist er nicht mehr dazu gekommen. Oder er hatte eben ihren Nachnamen noch nicht herausgefunden."

Der Privatdetektiv verzog das Gesicht. „Wenn er wusste, dass sie in Angelikas Firma gearbeitet hat, wäre es für ihn doch ein Leichtes gewesen, ihre Identität festzustellen. Oder arbeiten in der Möbelfabrik mehrere Tanjas?"

Seine Assistentin verneinte. „Wenn er es wusste ... Aber es ist doch gut möglich, dass Fritjof gar nichts über ihren Arbeitgeber erfahren hat. Wenn Angelika Küster ihm gegenüber nur allgemein von einer Bekannten oder Freundin namens Tanja gesprochen hat ..."

„Das ist mir alles ein bisschen zu vage", sagte Bloch. Er trank einen Schluck Bier. „Hoppla!", murmelte er plötzlich.

„Du hast eine Eingebung?"

„Viel schlimmer. Eine Befürchtung. Wenn das alles stimmt, was du über diese Tanja gesagt hast, dann könnte sie unter Umständen selbst in Gefahr sein. Überlege doch mal. Holger Fritjof kannte Angelika Küster. Walter Hansen kannte sie. Und Tanja Wischnewski war auch mit ihr bekannt oder befreundet. Klingelt es langsam?"

„Hmm."

„Nehmen wir einmal an, der Mörder ist hinter einer Information oder einem Gegenstand her, den Angelika Küster besaß", sagte Bloch. „Nachdem sie bei dem Unfall ums Leben gekommen ist, muss er sich um die Personen kümmern, die mit ihr in direktem Kontakt standen. Nur von ihnen kann er erfahren, ob sie von der Verunglückten vorher eingeweiht wurden, ob sie also von dem Geheimnis wissen, das der Mörder unter allen Umständen verbergen möchte. Oder ob sie eben diesen Gegenstand kennen oder inzwischen sogar selbst besitzen, über den Angelika Küster zuvor verfügte." Nervös tippte er sich mit dem Zeigefinger gegen die Stirn. „Langsam, langsam, lass mich bitte ausreden."

„Tue ich doch!"

„Bei diesem Gegenstand könnte es sich beispielsweise um ein verräterisches Schriftstück handeln, das der Mörder unbedingt in seinen Besitz bringen muss. Verstehst du? Ein Brief, eine Urkunde, eine Akte, ein Testament ..."

Susanne ging schweigend zur Vitrine und nahm zwei heile Kognakschwenker heraus. „Du nimmst doch auch einen?"

Der Privatdetektiv nickte. „Unbedingt." Er wiegte den Kopf. „Ist doch gar nicht so schlecht, der Ansatz. Oder?"

Sie schenkte zwei Kognaks ein. „Wenn man davon ausgeht, dass es sich um einen einzigen Mörder gehandelt hat, ja. Weißt du, ich habe ziemlich lange mit Marianne Hansen über das Verhältnis ihres Mannes zu Holger Fritjof gesprochen. Sie selbst hat sich immer wieder die Frage gestellt, ob nicht vielleicht sogar Walter Hansen den Rechtsanwalt umgebracht hat. Jedenfalls hatte der Möbelfabrikant für die fragliche Zeit kein Alibi."

„Nicht ablenken, bitte', sagte Bloch. „Natürlich kommt Hansen theoretisch in Frage. Und wenn er für den Sonntagnachmittag beziehungsweise für den Abend kein Alibi hat, was besagt das schon? Ich wette, Marianne Hansen hat auch keines. Und das dürften nicht die beiden einzigen sein." Er nahm einen Schluck. „Nein, nein, lass uns noch einen Augenblick bei meiner Theorie bleiben. Sie setzt voraus, dass der Täter in beiden Mordfällen derselbe war. Die Tatumstände und die jeweils benutzte Mordwaffe sprechen ja nicht unbedingt dagegen. Punkt eins. Punkt zwei: Die beiden Ermordeten, Holger Fritjof und Walter Hansen, hatten zu Angelika Küster ein sehr inniges Verhältnis. Sie genossen also wahrscheinlich ihr Vertrauen und sind deshalb vielleicht in dieses so genannte Geheimnis, hinter dem der Mörder her ist, eingeweiht worden. Ob auch Tanja Wischnewski davon weiß, ist zumindest unsicher. Aber genau das wird den Mörder von Fritjof und Hansen unter Umständen beunruhigen. Er weiß es – wie wir auch – nicht. Aber er muss die Möglichkeit in Betracht ziehen, dass auch Tanja informiert ist. Daraus ergibt sich für ihn die Schlussfolgerung: Er muss versuchen, es auf irgendeine Art und Weise zu erfahren. Was sehr schwierig ist. Schließlich kann er Tanja nicht direkt fragen. Oder aber, er muss noch einmal zuschlagen."

Susanne hatte die ganze Zeit über mit geschlossenen Augen zugehört. Nun blinzelte sie Bloch an. „Klingt alles gar nicht so schlecht", sagte sie. „Aber deine Theorie hat zwei Haken. Erstens: Wenn es sich um ein Schriftstück gehandelt hat, ist es gut möglich, dass der Mörder es inzwischen an sich gebracht hat. Er könnte spätestens bei Walter Hansen fündig geworden sein."

„Und wenn es nur um eine Information geht?", fragte Bloch.

„Dann ist im Prinzip jeder in Gefahr, der Angelika Küster näher kannte."

„Und dem sie sich auch anvertraute. Ich glaube nicht, dass da so furchtbar viele Personen in Frage kommen", wandte der Privatdetektiv ein.

Susanne machte eine abwehrende Handbewegung. „Gut, gut. Darauf bezieht sich ja mein zweiter Einwand. Du hast bisher überhaupt nicht von Franca Tarricone gesprochen. Die Buchhändlerin behauptet schließlich auch, eine gute Freundin von Frau Küster gewesen zu sein."

Bloch seufzte. „Dann ist auch sie in Gefahr."

Seine Assistentin nickte. „Eben."

„Herrje, das ist aber auch ein Murks!"

Bei seinem letzten Wort öffnete die dreifarbige Katze, die noch immer neben Susanne auf dem Sofa lag, verträumt die Augen. Bloch lächelte. „Murks habe ich gesagt, nicht Muzel!", erklärte er. „Du kannst ruhig weiterschlafen." Seine Erläuterung schien die Katze nicht auf Anhieb zu überzeugen. Sie gähnte herzhaft. Dann nahm sie den Ratschlag ihres Herrchens aber doch an und döste weiter.

„Du hast doch heute mit Franca Tarricone gesprochen", sagte Susanne. „Weiß sie mehr, als sie zugibt? Welchen Eindruck hattest du?"

Der Privatdetektiv zuckte die Achseln. „Die Frage könnte ich glatt an dich zurückgeben. Schließlich hast du sie auch interviewt."

„Mir schien sie nicht über den Weg zu trauen. Aber vielleicht hat sie sich ja von deinem unwiderstehlichen Charme einwickeln lassen?"

Bloch lächelte versonnen. „Wir haben uns ganz nett unterhalten. Und wenn es nach dieser heißblütigen Südländerin geht, soll dies auch nicht unser letztes Rendezvous gewesen sein. Aber mal im Ernst ..."

„Das klingt auch so schon ernst genug", unterbrach ihn Susanne.

„Immer diese törichte weibliche Eifersucht!" Er griff nach einer neuen Zigarette. „Sie muss nicht unbedingt alles ausgeplaudert haben, was sie weiß. Das ist durchaus denkbar. Aber wenn sie jetzt noch etwas Wichtiges verschweigt, obwohl es bereits zwei Morde gegeben hat, dann ist sie entweder tollkühn oder wahnsinnig."

„Oder sie will den Preis in die Höhe treiben", sagte seine Assistentin.

„Ich hatte nicht den Eindruck, dass sie am Hungertuch nagt."

„Schon mal was von Habgier gehört?"

„Sicher. Diesem Tatbestand habe ich meine nicht unbeträchtliche Erbschaft zu verdanken. Verzeih, liebe Tante Margarethe, wo immer du bist! Ich habe nicht von dir allein gesprochen, sondern von der ganzen Sippe."

„Du hast meine Frage noch nicht vollständig beantwortet." Susanne holte ihn wieder auf den Boden der Tatsachen zurück.

„Frau Tarricone hat mir gegenüber die Theorie ausgebreitet, dass es sich doch durchaus um zwei Täter gehandelt haben könnte", sagte Bloch. „Sie suggerierte, dass Walter Hansen Fritjof umgebracht habe, weil der etwas gegen ihn in der Hand hatte. Darüber haben wir ja bereits gesprochen. Und was Hansens Ermordung angeht, da hatte sie einen mir nicht gerade unsympathischen Gedanken."

„Marianne Hansen?"

„Richtig. Vor ein paar Stunden war ich davon natürlich noch sehr angetan. Da hatte ich ja noch nicht meine eindrucksvolle Eingebung." Er zog an seiner Zigarette. „Von Frau Hansen mal abgesehen, in einem Punkt schien mir die Argumentation von Franca Tarricone gar nicht uninteressant zu sein. Sie hat nämlich darauf hingewiesen, dass es sich zumindest bei dem zweiten Mörder nicht unbedingt um jemanden handeln muss, der auf Fritjofs Liste steht."

Susanne stöhnte. „Wir drehen uns im Kreis."

„Hast du zu viel getrunken?", fragte Bloch skeptisch.

„Nein, noch nicht. Aber merkst du denn gar nicht, dass deine Theorie auch auf Marianne Hansen zutreffen würde? Alles, was du gesagt hast, würde auch bei ihr passen."

Der berühmte Privatdetektiv aus Heubach klopfte sich auf die Schenkel. „Schluss jetzt, Ende der Debatte! Darüber muss ich erst noch mal besonders gut schlafen. Aber vorher gehen wir ins Amalfi und schlagen uns den Bauch voll."

Susanne nickte. „Dann verrate ich dir auch die Fußballergebnisse", versprach sie. „Eines darfst du aber jetzt schon erfahren: Frankfurt hat ziemlich hoch verloren. Gegen einen weiteren Abstiegskandidaten."

Bloch nickte zufrieden.

Kapitel 17

Die Waffen einer Frau

Der Sonntag machte seinem Namen alle Ehre. Deshalb beschlossen Susanne und Tobias, ihr mittägliches Frühstück auf der Steinterrasse hinter dem Haus einzunehmen. Während der Privatdetektiv die Holzstühle und den dazugehörigen Tisch abwischte und die Polsterauflagen aus dem Keller holte, kümmerte sich seine Assistentin in der Küche um das leibliche Wohl. Sie buk Brötchen und Croissants im Ofen auf.

Muzel verfolgte ihr ungewohnt fleißiges Herrchen auf Schritt und Tritt. Sie schnupperte an den Stuhlauflagen, zupfte mit der Pfote an den elastischen Befestigungsbändchen und schleppte einen dünnen Plastikschutz für die Polster in den Garten. Dort legte sie ihre Beute unter einen Holunder und kehrte dann zufrieden auf die Terrasse zurück. Zur Feier des Tages füllte Bloch ihren Napf mit Käse- und Salamistückchen, daneben strich er auf einen Unterteller reichlich Kalbsleberwurst. Dieses großzügige Angebot verwirrte die Katze. Sie schnupperte erst an dem Napf, dann an dem Unterteller, konnte sich aber nicht entscheiden.

Bloch schüttelte den Kopf. „Muzel, worauf wartest du denn noch?" Bei der Nennung ihres Namens spitzte die Katze die Ohren. Der Privatdetektiv beugte sich herunter und verschob den kleinen Teller um ein paar Zentimeter. Das gab den Ausschlag. Gierig stürzte sich Muzel auf die Kalbsleberwurst.

„So, jetzt können wir hoffentlich in Ruhe frühstücken", sagte er zu Susanne, die sich mit dem Rücken zur Hauswand gesetzt hatte. So hatte sie die beste Aussicht auf die Talsenke, in der sich ein Bach durch die Wiesen schlängelte. Wenn sie ihren Kopf reckte, konnte sie sogar einen Blick auf den vorderen der beiden Fischteiche werfen.

„Heißt der Bach eigentlich Heubach oder Wiebelsbach?", fragte sie, während sie ein aufgeschnittenes Croissant mit Butter bestrich.

„Weder noch", antwortete Bloch. „Obwohl mir persönlich Heubach natürlich viel besser gefallen würde, hört er leider auf den Namen Pferdsbach."

„Weil dort unten im Tal Pferde weideten?"

Bloch nahm sich ein Brötchen aus dem Korb. „Ist anzunehmen. Obwohl man bei diesen alten Namen ziemlich vorsichtig sein muss. Heubach jedenfalls hat mit Heu nun überhaupt nichts zu tun."

Susanne sah ihn fragend an.

„Heimatkunde, meine Liebe. Im Jahre 1303 wurden unsere beiden schönen Orte Heubach und Wiebelsbach erstmals urkundlich erwähnt. Ein gewisser Hilderich von Heipach hat damals dem Kloster Höchst ein paar Morgen Land verkauft." Er legte einige Scheiben Salami auf eine Brötchenhälfte. „Heipach gleich Heubach, klar?"

„Und was war mit Wiebelsbach? Hieß der Ort damals auch schon so?"

Bloch schüttelte den Kopf. „Er hörte auf den originellen Namen Wubelspach."

„Das hast du dir jetzt aber ausgedacht. Weil du genau weißt, dass mich diese ganze Heimatforschung nicht sonderlich interessiert."

Der Privatdetektiv biss in sein Brötchen und kaute gemächlich. „Wenn ich nicht zu faul wäre, würde ich jetzt aufstehen und dir den Artikel aus dem Odenwald Kurier heraussuchen", sagte er dann. „Darin steht übrigens, dass dein Heimatort noch einige andere Namen hatte, bevor er schließlich Anfang des vorigen Jahrhunderts endlich Wiebelsbach hieß. Wenn ich mich recht erinnere, wurde aus Wubelspach erst Webelsbach, dann Wybelsbach ..."

Das Klingeln des Telefons unterbrach seine heimatkundlichen Ausführungen.

Susanne nahm sich ein weiteres Croissant. „Würdest du bitte ...?"

Bloch erhob sich seufzend. „Wahrscheinlich ein weiterer Mord im Odenwald", murmelte er.

„Sehr witzig, Herr von Heipach."

Der Privatdetektiv trottete in den Flur.

„Susanne, es ist für dich!", rief er kurz darauf.

Missmutig schlich seine Assistentin auf nackten Sohlen zum Apparat. „Wer ist es denn?", fragte sie leise.

Bloch zuckte die Achseln. „Sie hat keinen Namen genannt. Aber behauptet, es sei dringend." Er gab ihr den Hörer und ging zurück auf die Terrasse. Dort erwartete ihn eine Überraschung. Mit großer Selbstverständlichkeit saß Muzel auf dem Tisch und schnappte gerade nach einer weiteren Scheibe Salami von seinem Brötchen. Als die Katze ihr Herrchen erblickte, drehte sie sich blitzschnell mit ihrer Beute zur Seite, sprang auf den Boden und flitzte in den Garten.

„Mistvieh!", fluchte Bloch. Für einen Augenblick spielte er mit dem Gedanken, hinter ihr herzulaufen. Dann aber siegte die Vernunft, denn er hatte in dem weitläufigen Garten mit den zahlreichen Deckung bietenden Sträuchern nicht die geringste Chance, seine Katze einzufangen.

„Du, Tobias", sagte Susanne bedauernd, als sie später auf die Terrasse zurückkam. „Aus unserem freien Sonntag wird wohl nichts."

Bloch richtete sich langsam in seinem Holzstuhl auf und öffnete die Augen. „Hat uns deine liebe Mutti zum Kaffee eingeladen?"

„Es war Tanja Wischnewski", erklärte seine Assistentin. „Sie hat gerade einen merkwürdigen Anruf bekommen."

Bloch wurde hellhörig. „Von wem?"

„Weiß sie nicht. Jedenfalls hat der Anrufer gesagt, dass es sehr wichtig und sehr dringend sei." Sie setzte sich. „Und dass es um den Tod von Angelika Küster gehe."

„Eine männliche Stimme?", fragte er.

Susanne bejahte.

„Hat er einen Treffpunkt genannt?"

„Burg Breuberg. Am frühen Abend. Gegen sieben Uhr."

Der Privatdetektiv nickte zufrieden. „Nun schließt sich der Kreis." Er lächelte ihr zu. „Du hast ihr doch hoffentlich geraten, die Verabredung wahrzunehmen? Und ihr versichert, dass wir ihr in dieser schweren Stunde selbstverständlich beistehen werden?"

„Logisch."

„Sehr gut. Dann werden wir uns jetzt noch ein wenig ausruhen und neue Kräfte schöpfen. Die brauchen wir nämlich heute Abend mit Sicherheit." Bloch lehnte sich zurück, schloss die Augen und ließ die Sonne auf sein Antlitz scheinen.

Die Burg Breuberg, auf dem nach drei Seiten ins Tal der Mümling steil abfallenden gleichnamigen Berg errichtet, zählt zu den eindrucksvollsten und am besten erhaltenen Burganlagen Deutschlands. Die im 12. Jahrhundert auf einem Buntsandsteinkegel erbaute Festung ist das weithin sichtbare Wahrzeichen eines vom frühen Mittelalter bis zum Wiener Kongress Anfang des 19. Jahrhunderts selbstständigen Territoriums, der so genannten Herrschaft Breuberg.

Die Burg wurde von der Abtei Fulda als Vogteiburg angelegt, um deren klösterliche Besitzungen im nördlichen Odenwald besser vor den Mainzer Erzbischöfen sichern und schützen zu können. Unter den ersten Burgvögten, den Reiz von Lützelbach, entstand die Kernburg mit ihrem mächtigen, heute als Aussichtsturm genutzten Bergfried, um den sich die Kapelle, die Brunnenhalle und die Hofküche gruppierten, sowie mit der bis zu 14 Meter hohen Ringmauer und dem romanischen Burgtor. Diese Anlage war durch den Zwinger und einen tiefen Ringgraben gesichert.

Die männliche Linie der Herren von Breuberg, so nannten sich die Reiz von Lützelbach von der dritten Generation an, starb im Jahr 1323 aus. Ihr Erbe fiel im Wesentlichen an das Adelsgeschlecht der Grafen von Wertheim, die die Burg Breuberg um und nach 1500 zu einer stark befestigten Residenz mit Wehrbauten und Geschütztürmen erweiterten. Mit dem Erlöschen dieses Grafengeschlechts in der Mitte des 16. Jahrhunderts wurden die Grafen von Löwenstein und die Grafen von Erbach als Rechtsnachfolger der Wertheimer Grafen die neuen Besitzer der Burg und des unabhängigen Gebiets der Herrschaft Breuberg.

Als die kleinen selbstständigen Territorien im Jahr 1806 aufgelöst wurden, wurde die Herrschaft Breuberg Teil des neu gegründeten Großherzogtums Hessen. Die während des Zweiten Weltkriegs im Besitz des Deutschen Reiches befindliche Burg Breuberg war ab 1942 ein Lager für russische Zwangsarbeiter, ehe sie schließlich 1949 vom Land Hessen übernommen wurde. Heute wird sie als Jugendherberge und Museum genutzt.

Die Fahrt zur Burg Breuberg war für Tobias Bloch ein Kinderspiel. Im Zentrum von Höchst, unweit der Kirche, die Maximilian Haussmann angeblich zu Studienzwecken besichtigt hatte, bog der Privatdetektiv mit seinem schwarzen Renault an der Ampel links ab und folgte der Straße, die sie direkt in den Ort Breuberg brachte. Ein steiler Zufahrtsweg, den viele Touristen leicht verpassten, weil er nicht gerade optimal ausgeschildert war, führte zu der größten mittelalterlichen Burganlage des Odenwaldes hinauf. Da die Burg Breuberg in ihrer langen und wechselvollen Geschichte niemals größere Kampfhandlungen erlebt hatte, war sie nach all den Jahrhunderten noch weitgehend unversehrt. Bloch stellte seinen Wagen schon zweihundert Meter vor dem Besucherparkplatz am Wegrand ab.

Susanne sah ihn fragend an.

„Den Rest gehen wir zu Fuß", erklärte der Privatdetektiv. „Ich kenne da einen ziemlich gut verborgenen Schleichweg."

„Ist der genauso steil wie die Auffahrt?", fragte seine Assistentin.

Bloch lächelte. „Noch steiler. Aber so erreichen wir unbemerkt den Außenring der Burg."

Sie stiegen aus und ließen einige entgegenkommende Fahrzeuge passieren. „Das Schlachtfeld leert sich", murmelte der Privatdetektiv. Als die Luft rein war, führte er seine Assistentin zu einem unwegsamen Trampelpfad.

„Und wenn das große Finale im Innenhof der Burg stattfindet?", fragte Susanne. Sie keuchte vernehmlich, als sie hinaufstiegen.

„Kann es gar nicht", antwortete Bloch. „Die Burg wird nämlich um 18 Uhr geschlossen. Unser Mörder kennt sich ganz gut aus. Er hat den Treffpunkt jedenfalls nicht ungeschickt gewählt."

Nach einem mühsamen Aufstieg erreichten sie schließlich schwer atmend den Außenring der Festung, der einen beeindruckenden Blick auf den tiefen Graben vor der eigentlichen Burganlage ermöglichte. Der Boden des Grabens war mit hohem Gras bewachsen, vereinzelt ragten ein paar alte Eichen in die Höhe. Von oben betrachtet wirkten sie wie kleine Sträucher.

„Kein schlechter Platz für einen tiefen Sturz", flüsterte Susanne. Sie beugte sich vorsichtig über die Außenmauer des Rundweges. „Was ist denn das?"

„Ein Hirsch mit seinem Harem. Die Burgverwaltung hält dort unten seit Jahren eine kleine Herde Rotwild. Als ich zum letzten Mal hier war, hatten zwei Hirschkühe gerade Nachwuchs bekommen ..."

Sich langsam nähernde Schritte unterbrachen seine Erinnerung. Rasch verließen sie den Außenpfad, der rund um die Burg Breuberg führte, und suchten im dichten Gestrüpp Deckung. Sie hörten zwei verschiedene Stimmen, konnten aber auf diese Entfernung kein Wort verstehen.

„Sollten wir nicht besser ...?", flüsterte Susanne.

Bloch schüttelte den Kopf. „Lass sie erst noch ein bisschen näher kommen."

Die Wortfetzen, die jetzt zu ihnen drangen, wurden allmählich verständlicher. Der Privatdetektiv und seine Assistentin hörten einzelne Begriffe wie gute Freundin, Angelika Küster und andere ihnen vertraute Namen. Wenige Meter von ihnen entfernt stoppten die beiden Besucher plötzlich ihren Rundgang und blieben an der Mauer stehen.

„Sehen Sie nur die Hirschkälber!", rief eine Stimme, die Susanne und Tobias nur allzu bekannt war.

Von dieser Bemerkung angelockt, ging Tanja Wischnewski ganz nah an die Mauer heran und beugte sich vorsichtig über deren Rand. „Haben die Tiere denn da unten auch genug Futter?", fragte sie erstaunt. „Ich meine, normalerweise leben sie doch im Wald, oder?"

„Im Wald und auf der Wiese", erklärte ihre Begleiterin. „Sie äsen im Gras, das auf dem Boden des Burggrabens wächst. Und außerdem – sehen Sie dort drüben?" Geschickt lenkte sie Tanjas Blick auf eine weiter rechts gelegene Stelle des tiefen Grabens. „Da steht ein Trog mit zusätzlichem Futter. Zuckerrüben, nehme ich an." Unbemerkt entfernte sie sich ein wenig von Tanja Wischnewski und öffnete lautlos ihre große Handtasche.

Der Privatdetektiv gab seiner Assistentin ein Zeichen.

Als das lange Küchenmesser teilweise zum Vorschein kam, schnellten sie beide fast gleichzeitig nach oben.

Bloch schrie: „Hände hoch! Lassen Sie das Messer fallen!"

Die Frau hielt überrascht mitten in ihrer Bewegung inne. Der Privatdetektiv stürzte sich auf sie und stieß sie mit der Linken gegen die Mauer, während er mit der rechten Hand versuchte, ihre Tasche zu packen. Doch er hatte nicht mit ihrem Widerstand gerechnet. Sie riss das lange Messer aus der Tasche und richtete es drohend auf ihn.

„Keinen Schritt weiter!", schrie sie.

Bloch wich zurück. Auf dem unebenen, steil nach unten abfallenden Boden rutschte er mit dem linken Fuß aus und geriet ins Straucheln. Seine nach einem Halt tastende Hand umklammerte den rauen Zweig eines Strauches. Als sich der Zweig nach unten bog, verlor er für eine Sekunde den Blickkontakt zu seiner Kontrahentin.

„Vorsicht!", rief Susanne. Sie hatte sich zeitgleich zu Blochs Attacke ihrerseits auf Tanja Wischnewski gestürzt und sie zur Seite gerissen.

Die große Tasche der Frau traf Bloch mitten ins Gesicht. Er zuckte zurück. Verschiedene Gebrauchsgegenstände und Schminkutensilien fielen zusammen mit der Tasche direkt vor seine Füße. Blitzschnell bückte er sich und schnappte sich eine hölzerne Haarbürste mit Metallborsten.

„Verschwindet!", schrie die Frau. „Sofort!"

Aus den Augenwinkeln beobachtete Bloch, wie seine Assistentin Tanja Wischnewski den Hang hinunterschob, um sie in Sicherheit zu bringen.

„Links", flüsterte Susanne ihm zu.

Bloch nickte unmerklich.

„Verschwindet!" Die Frau fuchtelte nervös mit dem Messer herum.

Als hinter Blochs Rücken im Unterholz neben dem Schleichweg Zweige knackten, veränderte die Frau ihre Position, um Susanne wieder ins Blickfeld zu bekommen. Die Geräusche im dichten Gestrüpp wurden leiser.

Der Privatdetektiv spreizte die Beine und drückte seine Füße fest ins Gras. Dann hob er seine rechte Hand, die die Haarbürste umklammert hielt, langsam nach oben.

„Das wagst du nicht!", schrie die Frau.

Bloch wippte leicht vor und zurück, um Schwung zu holen. Die Haarbürste mit den Metallborsten zielte direkt auf das Gesicht der Frau. Sie fuhr erschrocken herum, als plötzlich rechts von Bloch das Unterholz laut knackte. So sah sie nicht, wie Susanne von der anderen Seite aus fast lautlos auf sie zulief.

Der dichte Sprühregen des Haarsprays traf Franca Tarricone genau in die Augen. Sie schrie vor Schmerz auf, ließ das Messer fallen und hielt beide Hände schützend vor ihr Gesicht. Bloch stürzte sich auf die italienische Buchhändlerin, riss ihren rechten Arm herunter und drehte ihn auf ihren Rücken. Franca Tarricone wimmerte. Ihre Augen tränten stark.

Links hinter ihm hob Susanne rasch das Messer auf.

Rechts hinter ihm kam Tanja Wischnewski aus dem Gestrüpp. Sie war blass und zitterte am ganzen Körper.

„Danke für das Ablenkungsmanöver", sagte Bloch zu ihr.

Sein Blick fiel auf Susanne. Sie deutete lächelnd auf die Sprühdose mit dem Haarspray, die neben ihr im Gras lag.

„Mit den Waffen einer Frau", sagte Bloch anerkennend.

Kapitel 18

Beamtendeutsch

Die Vollversammlung fand im Büro von Sara Hagedorn statt, die ebenso wie ihr Assistent unverhofft aus der verdienten Sonntagsruhe gerissen worden war. Die vier Frauen, neben der Erbacher Kommissarin noch Franca Tarricone, Tanja Wischnewski und Susanne Kramer, hatten auf der ledernen Sitzgruppe Platz genommen, während sich Tobias Bloch und Hagedorns Assistent Melzig mit gewöhnlichen Drehstühlen begnügen mussten.

„Ich muss Ihr Verhalten zwar strengstens missbilligen", sagte die Kriminalkommissarin gerade lächelnd zu dem Privatdetektiv und seiner Assistentin. „Aber ich bin trotzdem froh, dass Sie so gehandelt haben."

Bloch nickte. „Wir hätten Sie selbstverständlich unterrichtet. Aber es musste alles furchtbar schnell gehen. Uns blieb einfach keine Zeit. Wir mussten sofort handeln."

Als Tanja Wischnewski ihre Stimme erheben wollte, legte ihr Susanne fürsorglich eine Hand auf den Arm. „Lassen Sie nur, Frau Wischnewski", sagte sie sanft. „Es war alles ein bisschen viel. Für Sie und für uns. Ruhen Sie sich lieber ein wenig aus. Möchten Sie eine Zigarette?" Tanja Wischnewski verneinte müde.

„Wie sind Sie eigentlich auf Frau Tarricone gekommen?", fragte Melzig den Privatdetektiv.

Bloch seufzte. „Nun ja, ich habe da eine Theorie entwickelt. Es ist im Grunde gar keine Theorie gewesen, mehr eine Eingebung. Verstehen Sie?"

Der Assistent der Kommissarin schüttelte den Kopf.

„Sehen Sie, meiner Ansicht nach haben wir uns bei den Ermittlungen zu sehr auf Holger Fritjof und Walter Hansen konzentriert. Wir alle haben uns zu sehr um Fritjofs Nachforschungen, um seinen Verdacht bezüglich des Unfalls von Angelika Küster und um die anderen Personen auf seiner Liste gekümmert."

„Immerhin stand Frau Tarricone ja auch darauf", wandte Sara Hagedorn ein.

„Sicher", sagte Bloch. „Aber doch aus einem ganz anderen Grund. Sie war eine gute Freundin von Angelika Küster. Deshalb musste sich Fritjof bei seinen Recherchen logischerweise auch mit ihr unterhalten. Aber das ist doch nicht der Punkt. Es ging um kein Eifersuchtsdrama, um keine Abrechnung zwischen Fritjof und Hansen. Und natürlich kam auch, bei Licht besehen, Marianne Hansen nicht als Täterin in Frage. Auch wenn ich zugeben muss, selbst eine Zeit lang mit dem Gedanken gespielt zu haben ..."

„Dummschwätzer, Klugscheißer!", rief Franca Tarricone erzürnt. Ihre Augen waren nach Susannes Attacke mit dem Haarspray noch immer stark gerötet. „Sie haben doch überhaupt keine Ahnung, was wirklich abgelaufen ist. Sie doch schon gar nicht!"

Der berühmte Privatdetektiv aus Heubach rümpfte die Nase. „Immerhin haben wir Sie ja auf frischer Tat ertappt, oder?"

„Na und? Das war Zufall!"

„War es nicht!", widersprach Susanne. „Schließlich haben wir herausgefunden, wer Tanja war. Und wir haben die gemeinsame Verbindung von Holger Fritjof, Walter Hansen und Tanja Wischnewski zu Frau Küster erkannt. Das wollte Herr Bloch mit seiner Theorie umschreiben."

„Scheißtheorie, Sie Flittchen!" Die italienische Buchhändlerin kam immer mehr in Fahrt.

„Bevor wir die Mörderin zu Wort kommen lassen, möchte ich noch eines betonen", sagte Bloch. „Mir wurde schlagartig klar, dass Angelika Küster eine Information besaß, die der Täter, also Sie, verehrte Frau Tarricone, um alles in der Welt nicht an die Öffentlichkeit dringen lassen konnte. Deshalb mussten Holger Fritjof und Walter Hansen sterben. Und deshalb waren Sie auch hinter Tanja Wischnewski her." Er lehnte sich zurück.

Für kurze Zeit schwiegen alle Anwesenden. Dann übernahm Sara Hagedorn die Gesprächsführung.

„Frau Tarricone", sagte die Kommissarin. „Was wollten Sie unter allen Umständen geheim halten? Was hatte Angelika Küster erfahren? Sie wissen sehr gut, dass meine Kollegen gerade Ihre Buchhandlung und Ihre Wohnung systematisch durchsuchen. Wir werden das Motiv für Ihre Morde finden."

„Natürlich werden Sie das! Liegen ja noch einige Unterlagen herum!"

Melzig rollte auf seinem Drehstuhl ein wenig näher an die Sitzgruppe der Damen heran. „Warum sind Sie so unvorsichtig gewesen, belastendes Material zurückzulassen?", fragte er. „Sie hätten doch längst alles vernichten können."

„Hätte ich eben nicht! Die Geschäfte mussten schließlich weitergehen. Außerdem", sie funkelte ihn wütend an, „außerdem hat mich doch niemand verdächtigt, oder? Mich doch nicht! Welches Motiv sollte ich denn haben?"

Tobias Bloch nickte. „Ja. Das war unser Fehler."

„Was wusste Angelika Küster?", wiederholte die Kommissarin ihre Frage.

„Pah! Eigentlich fast nichts. Aber in diesem Geschäft gelten andere Regeln. Schon wenn nur der Verdacht besteht ..."

Sara Hagedorn schüttelte den Kopf. „Was heißt: fast nichts?"

„Sie hat mitbekommen, dass ich ein paar Nebengeschäfte tätige. Per Zufall. Wir hatten uns verabredet, um gemeinsam essen zu gehen. Aus irgendeinem Grund habe ich das allerdings verschwitzt. Oder sie hat sich im Datum geirrt. Ich weiß es nicht einmal genau. Jedenfalls hat sie eine Zeit lang in dem Restaurant auf mich gewartet. Und als ich nicht kam, ist sie an diesem Abend noch einmal zu meiner Buchhandlung gegangen. Was weiß ich, was sie sich dabei gedacht hat!"

„Aber der Laden war doch bestimmt schon geschlossen?", fragte Susanne.

„Sicher. Aber es gibt noch einen Nebeneingang. Das wusste Angelika natürlich. Sie hatte mich schließlich schon einige Male nach Ladenschluss abgeholt. Oder mir bei der Kassenabrechnung Gesellschaft geleistet." Die Buchhändlerin deutete auf Bloch. „Gib mir endlich eine Zigarette, du kleines Schwein!"

Der Privatdetektiv streckte ihr sein Päckchen entgegen und gab ihr anschließend Feuer. Franca Tarricone inhalierte so heftig, dass sie husten musste. „Scheiße!", fluchte sie. Niemand widersprach ihr.

„Ich saß gerade mit einigen Geschäftsfreunden in meinem Büro, um abzurechnen", fuhr die Buchhändlerin fort. „Als Angelika an die Tür klopfte, habe ich ihr idiotischerweise aufgemacht." Sie lachte bitter. „Es fehlte nämlich noch ein Kollege. Und ich Rindvieh dachte, na endlich kommt der jetzt auch."

„Um welche Art von Abrechnung handelte es sich an dem Abend?", fragte die Kommissarin.

„Um die Monatsabrechnung. Es lag eine ganze Menge Geld auf dem Tisch. Viel zu viel, als dass es sich um die Einnahmen der Buchhandlung hätte handeln können. Und das hat Angelika natürlich sofort gesehen. Sie ist furchtbar erschrocken und wollte gleich wieder gehen." Franca Tarricone zog an ihrer Zigarette. „Ich konnte sie gerade noch zurückhalten und ihr sagen, dass dies alles ein Missverständnis sei. Meinen Geschäftsfreunden hat das natürlich nicht genügt."

„Es handelt sich um Schutzgelderpressung, nicht wahr?", fragte der Privatdetektiv. „Und zumindest ein Teil dieses Geldes wurde dann über Ihre Buchhandlung gewaschen, oder?"

„Schutzgeld?" Sie schnaubte. „Hör mir doch mit deinem Scheiß-Beamtendeutsch auf! Nenn es, wie du willst. Für uns waren es einfache Abgaben, verstehst du? Und zwar sehr sinnvolle Abgaben."

Bloch nickte. „Und deshalb musste Angelika Küster mit ihrem Wagen gegen den Pfeiler der Bahnüberführung in Höchst rasen?"

„Ach Unsinn! Wir haben ihr kein Haar gekrümmt. Es war ein stinknormaler Unfall."

„Aber Sie sagten doch, dass Ihre Geschäftsfreunde ...", wollte Melzig einwenden.

„Ich habe die Sache geklärt, ja? Ich habe in aller Ruhe mit Angelika darüber gesprochen. Und sie hat mir versichert, dass sie kein Sterbenswörtchen sagen würde. Ich habe ihr das geglaubt, weil ich sie gut kannte. Weil ich ihr vertraut habe. Und das hat schließlich auch meine Geschäftsfreunde überzeugt."

Sara Hagedorn schüttelte nachdenklich den Kopf. „Komische Sitten", murmelte sie. „Frau Küster ist also bei einem tragischen Autounfall ums Leben gekommen. Aber Holger Fritjof und Walter Hansen mussten mundtot gemacht werden. Das verstehe ich nicht. Wenn Angelika Ihnen doch versichert hatte ..."

Franca Tarricone winkte ab. „Daran ist nur dieser Blödmann Fritjof schuld. Dieser eifersüchtige Esel. Als er nach Angelikas Tod zu mir kam, hat er ein paar seltsame Andeutungen gemacht. Er hätte einiges von Angelika erfahren, das mich sicherlich auch interessieren würde. Und so weiter. In diesem Augenblick begann das Netz zu reißen."

„Hat er ausdrücklich von Schutzgelderpressung gesprochen?", fragte der Privatdetektiv.

„Nein. Aber ich hatte den Eindruck, dass er nicht einfach nur dumm daherredete. Deshalb habe ich mich mit ihm später im Felsenmeer getroffen. Um reinen Tisch zu machen."

„Ist er dort konkreter geworden?", fragte Melzig.

Franca Tarricone verneinte. „Dazu ist er nicht mehr gekommen."

„Und wegen dieser Andeutungen musste auch Walter Hansen beseitigt werden?", fragte Susanne.

„Kluges Kind! Ich sagte doch, nach Fritjofs Besuch war das Sicherheitsnetz gerissen. Oder wie immer man das nennen will. Wenn Angelika nicht dichtgehalten hatte, dann konnte sie sich auch Hansen anvertraut haben. Ein Teufelskreis, verstehen Sie?"

Tobias Bloch kratzte sich am Kinn. „Warum haben Sie dann Marianne Hansen verschont?", fragte er. „Sie konnte doch von ihrem Mann erfahren haben ..."

„Unsinn!", widersprach die italienische Buchhändlerin mit dem lukrativen Nebenjob. „Ich habe mich selbstverständlich über die Familienverhältnisse unterrichten lassen. Von einem sehr guten Mitarbeiter. Nicht von einem idiotischen Privatdetektiv wie dir. Danach war für mich klar, dass sich die beiden Hansens zunehmend aus dem Weg gegangen sind und kaum noch miteinander gesprochen haben. Walter Hansen, so der Eindruck meines Mitarbeiters, wollte nicht mehr an die Affäre mit Frau Küster erinnert werden. Und seine Frau wohl auch nicht. Wenn Hansen also schon in dieser Frage so zurückhaltend war, hätte er wohl kaum von meinen Geschäften geplaudert."

Susanne nickte. Diese Einschätzung entsprach dem, was sie von Marianne Hansen erfahren hatte. „Haben Sie die Hansens abhören lassen?", fragte sie.

Franca Tarricone zuckte die Achseln. „Dazu sage ich nichts."

„Aber ein bisschen riskant war es doch trotzdem, Frau Hansen unbehelligt zu lassen, oder?", hakte der Privatdetektiv nach.

„Für uns nicht. Höchstens für sie. Wenn sie auch nur die geringste Andeutung gemacht hätte, wäre sie ihres Lebens nicht mehr froh geworden. Das können Sie mir glauben!" Das Duzen war wohl nur eine Episode gewesen.

„Und dann schließlich Tanja Wischnewski", sagte Melzig. „Erschien sie Ihnen wirklich so gefährlich?"

Als ihr Name gefallen war, schien die Buchhalterin der Höchster Möbelfabrik aus einem tranceähnlichen Zustand zu erwachen. Sie richtete sich langsam auf und blinzelte heftig. Kein Zweifel, sie stand noch immer unter Schock.

„Tanja wäre kein Haar gekrümmt worden", erklärte Franca Tarricone gelassen.

„Wie bitte?" Susanne sah sie fragend an.

„Solange niemand wusste, wer diese Tanja wirklich war, bestand für mich und meine Organisation keine Gefahr. Wir haben sie selbstverständlich ständig beobachtet. Keine Polizei war bei ihr, es gab keine Vernehmungen, noch nicht einmal ein kleiner dummer Privatdetektiv ist bei ihr aufgetaucht." Sie verlangte nach einer weiteren Zigarette. Nachdem Bloch ihr Feuer gegeben hatte, deutete sie mit dem glühenden Ende ihrer Zigarette auf Susanne. „Aber als Sie bei ihr aufgekreuzt sind, musste ich handeln. Immerhin war Tanja eine ziemlich gute Freundin von Angelika. Ich habe das zwar immer herunterzuspielen versucht, aber ich wusste natürlich, was Sache ist."

Als Tanja Wischnewski plötzlich das Wort ergriff, verstummten alle. „Wer hat mich angerufen?", fragte sie mit unsicherer Stimme.

„Ein guter Freund", sagte Franca Tarricone lächelnd.

„Mit einem imposanten Pferdeschwanz, richtig?", fragte der berühmte Privatdetektiv aus Heubach. „Und wohl auch mit einigen buchhändlerischen Kenntnissen."

„Pferdeschwanz?" Sie runzelte die Stirn. „Nicht dass ich wüsste."

Keine schlechte schauspielerische Leistung, dachte Bloch.

„Hat Ihr guter Freund auch einen Namen?", fragte die Kommissarin.

„Bei guten Freunden bin ich meistens sehr vergesslich", antwortete die italienische Buchhändlerin grinsend. „Und außerdem: Ihr habt doch mich. Das muss fürs Erste reichen."

Der Privatdetektiv wandte sich an Tanja Wischnewski.
„Hat Angelika Küster Ihnen von der Schutzgelderpressung erzählt?", fragte er die blasse Frau.

Sie starrte ihn hilflos an.

„Wussten Sie, dass Frau Tarricone in dieser Richtung aktiv war?", setzte Tobias Bloch ein zweites Mal an.

Erst jetzt schien Tanja Wischnewski seine Frage zu verstehen.

„Nein", antwortete sie leise.